艺术体育
高校学术研究论著丛刊

足球后备人才的科学训练与管理研究

夏军 著

中国书籍出版社
China Book Press

图书在版编目(CIP)数据

足球后备人才的科学训练与管理研究 / 夏军著 . -- 北京 : 中国书籍出版社 , 2021.7
ISBN 978-7-5068-8622-2

Ⅰ . ①足… Ⅱ . ①夏… Ⅲ . ①足球运动 – 后备力量 – 人才培养 – 运动训练 – 研究 – 中国②足球运动 – 后备力量 – 人才管理 – 研究 – 中国 Ⅳ . ① G843.2

中国版本图书馆 CIP 数据核字（2021）第 155587 号

足球后备人才的科学训练与管理研究

夏 军 著

丛书策划	谭 鹏 武 斌
责任编辑	成晓春
责任印制	孙马飞 马 芝
封面设计	马静静
出版发行	中国书籍出版社
地 址	北京市丰台区三路居路 97 号（邮编：100073）
电 话	（010）52257143（总编室） （010）52257140（发行部）
电子邮箱	eo@chinabp.com.cn
经 销	全国新华书店
印 厂	三河市德贤弘印务有限公司
开 本	710 毫米 ×1000 毫米 1/16
字 数	215 千字
印 张	12.5
版 次	2022 年 7 月第 1 版
印 次	2022 年 7 月第 1 次印刷
书 号	ISBN 978-7-5068-8622-2
定 价	72.00 元

版权所有 翻印必究

目 录

第一章　足球运动与后备人才概述…………………………………………1
　　第一节　足球运动及校园足球发展概况……………………………1
　　第二节　足球后备人才的身心特征及竞技能力结构………………13
　　第三节　我国足球后备人才的现实状况……………………………26

第二章　足球后备人才科学训练与管理理论………………………………29
　　第一节　足球后备人才训练的基本思想指导………………………29
　　第二节　足球后备人才科学训练的原则与方法……………………31
　　第三节　足球后备人才管理的相关理论阐述………………………42

第三章　足球后备人才技术能力训练………………………………………54
　　第一节　足球后备人才技术理论素养提升…………………………54
　　第二节　足球后备人才技术能力训练内容…………………………56
　　第三节　足球后备人才技术训练实操………………………………80

第四章　足球后备人才战术能力训练………………………………………84
　　第一节　足球后备人才战术理论素养提升…………………………84
　　第二节　足球后备人才战术能力训练内容…………………………95
　　第三节　足球后备人才战术训练实操………………………………105

第五章　足球后备人才体能及心智能力训练………………………………116
　　第一节　足球后备人才体能素质训练………………………………116
　　第二节　足球后备人才心理素质训练………………………………124

　　　　第三节　足球后备人才智力素质训练…………………………137

第六章　足球后备人才科学训练的管理…………………………………144
　　　　第一节　足球后备人才科学训练的安排…………………………144
　　　　第二节　足球后备人才安全训练的保障…………………………153
　　　　第三节　足球后备人才训练效果的评价…………………………163

第七章　足球后备人才的选拔与培养……………………………………169
　　　　第一节　足球后备人才选拔的具体操作…………………………169
　　　　第二节　足球后备人才培养的模式与要求………………………178
　　　　第三节　国内外足球后备人才培养的对比………………………182
　　　　第四节　我国校园足球发展与后备人才培养的策略……………185

参考文献……………………………………………………………………191

第一章 足球运动与后备人才概述

足球运动是世界上影响力最大和影响范围最广的运动项目。当前，我国足球运动水平在世界上居于落后地位，这与我国足球后备人才培养不足、人才青黄不接有直接的关系。培养后备人才是竞技体育可持续发展的关键，因此要振兴足球，就要补齐人才短板，加强对优秀足球后备人才的培养。本章主要分析足球运动和足球后备人才的基本情况，内容包括足球运动及校园足球发展概况、足球后备人才身心特征及竞技能力结构，以及我国足球后备人才的现状。

第一节 足球运动及校园足球发展概况

一、足球发展概况

（一）足球运动的起源

中国是古代足球的发源地，中国古代的蹴鞠是古代足球的雏形，起源地在我国山东省淄博市。关于足球起源于中国的说法已经得到了国际足球联合会的权威认可，淄博还被国际足球联合会授予了足球起源地认证书，这极大地肯定了足球的中国"血统"。

英国是现代足球运动的诞生地，世界第一本足球竞赛规则是由英国的中学生制定的，时间为1848年。《最简单的游戏》是世界上第一本和足球规则相关的著作，作者是参与第一本足球竞赛规则制定的一名学生。世界上第一家足球俱乐部——谢菲尔德足球俱乐部于1857年成立于英国。以后，英国相继成立了多家足球俱乐部，举行了很多足球比赛。为了规范比赛，加强管理，英格兰足球协会作为国际上首个足球运动组织于1863年10月26日在伦敦成立,现代足球运动的诞生之日也被认定为这一天。英格兰足球协会成立后,修改了第一本足球竞赛规则,并于1863年12月制定了新规则。新规则和旧规则相比内容更丰富,要求更严格,是旧规则的补充与拓展。有了统一的足球竞赛规则后,英国足球赛事如火如荼地开展起来,足球运动逐渐流行于英国各地。

(二)足球运动的发展

英国足球运动向世界各地传播主要是通过商人、海员、牧师、士兵等传播主体。在这些人的努力下,足球运动在法国、比利时、瑞士、西班牙、瑞典、荷兰等国家逐渐流行起来。随着足球运动的发展壮大,国际足联(FIFA,全称国际足球协会联合会)于1904年5月21日成立于法国巴黎。这一世界性的足球组织机构成立后,世界足球运动的发展更加规范有序,世界足球赛事的质量也越来越好,其中最具代表性的就是奥运会足球比赛和世界杯足球赛。足球成为奥运会的正式比赛项目是从1912年第5届奥运会开始的,到今天,奥运会足球项目已经有百余年的发展历史了。世界杯是最高水平的国际性足球比赛,每4年举办一届。从1930年举办第1届比赛到现在已经举办了21届,发展水平越来越高。此外,国际足联的成立也使世界各个足球运动协会之间保持持续的沟通与互动,建立了良好的合作关系。

足球运动的发展和足球竞赛规则的发展是相辅相成的,开展足球活动离不开统一竞赛规则的约束与规范,足球运动发展水平的提升也会足球竞赛规则的不断健全与完善。足球运动在全世界各地流行开来后,足球竞赛规则也不断被修订和补充,有关组织机构和专家根据实际情况有选择地删减或调整旧规则,增加新规则,一步步完善足球竞赛规则。在足球竞赛规则得到完善后,足球技术和战术为适应新规则也有了明显的发展,众多优秀技战术教练员和优秀足球运动员不断创造新的足球阵型与打法,如整体型打法,特点是全攻全守,彰显了足球发展的全面性趋势。

足球运动的发展在其职业化发展趋势中也能体现出来。从1885年在英国成立的第一家职业足球俱乐部开始,随着足球职业化发展进程的加快,职业足球成为欧美足球发展的一个重要标志,同时欧美国家还不断制定与完善相关规章制度来加强对职业足球发展的规划与管理。国际足球职业化发展在20世纪70年代末至20世纪80年代初迎来了高潮。在世界职业足球发展舞台上,欧洲的职业足球联赛水平最高。欧洲五大联赛如英格兰足球超级联赛、西班牙足球甲级联赛、德国足球甲级联赛、意大利足球甲级联赛、法国足球甲级联赛代表了世界职业足球联赛的高水平。[①]这些职业足球联赛成为各国展示自身竞技足球水平的重要舞台。

除了世界杯、奥运会足球比赛、职业足球联赛外,世界各地还有很多与足球运动相关的活动。足球在全世界的普及是非常广泛的,其在国际上的影响范围及产生的影响力也是所有运动项目中第一位的,是名副其实的"世界第一运动"。

二、校园足球发展概况

(一)校园足球产生的背景

1.历史背景

校园足球的产生与青少年足球运动有着密切的联系。1964年,当时有关政府部门联合召开全国足球训练工作会议,《关于大力开展足球运动,迅速提高技术水平的决定》在此次会议上颁发。1979年,我国明确提出普及足球运动要深入人民群众,要引导青少年参与足球运动,要组建青少年足球队,并明确了发展足球运动的重点地区。为了促进青少年参与足球运动,国家组织了"萌芽杯"足球比赛、"幼苗杯"足球比赛和"希望杯"足球比赛。1980年,《关于在全国中小学中积极开展足球运动的联合通知》由国家颁发,我国青少年足球运动的发展迎来了高潮。我国充分认识到要从小培养优秀的足球苗子,要从青少年群体中选拔与培养优秀的足球后备人才。1985年,我国青少年足球运动的发展又迎来了新的高潮,主要标志是在我国举办了U16足球世界锦标赛。

2009年4月14日,《关于开展全国青少年校园足球活动的通知》由有关部门颁发,根据文件指示,校园足球活动的开展受到重视。与此同时,各级学校密切衔接的校园足球联赛的创办也提上日程,全国各地面向青少年群体对足球运动加以普及,学校积极建设积极向上的校园足球文化,并对有天赋的足球苗子进行选拔,培养全面发展又有一技之

---

① 王广.校园足球初级教程[M].北京:中国发展出版社,2017:25.

长的青少年人才。青少年足球运动又一次迎来发展高潮。

2. 时代背景

职业化是足球运动发展的一个重要方向。我国从国内足球运动发展情况出发,并借鉴欧洲职业足球联赛的成功经验,于1994年组织职业足球联赛,推动了中国足球的市场化进程。职业足球俱乐部也承担起了培养青少年足球后备人才的重任。但是因为职业足球俱乐部经营管理存在问题,所以培养青少年足球人才也是问题重重,对我国青少年足球的发展及足球人才的培养起到了制约性影响。我国举办北京奥运会后,体育事业的发展迎来辉煌时期,但对比发现,我国足球和其他优势项目如乒乓球的发展明显呈两种状态。因此,在后奥运时代,我国致力于改革足球体制,振兴中国足球,甚至在近些年将振兴国足、发展中国足球上升到国家战略的层面。

3. 社会背景

我国是世界体育大国,并于近些年在奥运会上接连取得好成绩,获得的奖牌数和金牌数都很可观,这份成绩让每个国人都骄傲和自豪。但是我国足球运动的发展却依旧没有起色,尤其是男子足球队。中国足球发展的落后状态受到了国家和社会的关注,政府部门多次强调要大力改革国足体制,加快发展中国足球。国家体育总局和有关政府部门共同开展关于足球整治与改革的工作,以改变国足的落后面貌,把中国足球拉出谷底。

4. 中国足球改革背景

（1）振兴国足是实施体育强国战略的需要

我国是世界上名副其实的体育大国,但要从体育大国发展成为体育强国还有很长的路要走。体育强国建设是一项国家战略,这是我国体育事业未来一段时期的发展方向与目标。建设体育强国,就是既要有很多发展水平居于世界前列的体育项目,又要有良好的体育综合实力。体育发展的总体水平要高,要在世界体坛居于重要地位,有发言权,竞技成绩和综合实力都要名列前茅。

我国作为体育大国,在竞技体育发展方面取得了骄人的成绩,这从我国在奥运会上获得的金牌数和奖牌数就能体现出来。美国在奥运会上的成绩一直都很好,游泳、田径和三大球是美国夺取金牌的主要优势项目,而乒乓球、体操、羽毛球、跳水等是我国在奥运会上夺冠的热门项目。相比而言,美国竞技体育中发展好的项目如奥运会中的热门夺冠项目在学校也普及得很好,而我国的体操、跳水、羽毛球等竞技强项在普通群众和青少年学生群体中的普及还不够。我国主要依靠国家资源培养优秀运动员人才,学校在这方面发挥的作用并不突出。但发展足球运动不仅需要国家提供各种资源的支持,还需要建立良好的群众基础,尤其是青少年基础。此外,建设体育强国,不仅是在奥运会上取得好成绩就可以了,还需要发展弱势项目,提高整体水平,同时要兼顾群众体育、学校体育的发展,提升体育文化软实力,建设与完善体育设施,使体育事业的各个方面都能在世界上占据重要地位,排在前列。要实现中国足球崛起的目标,就要挖掘足球运动的价值,提高大众的参与度,进一步普及足球运动,营造良好的全民参与足球的氛围,并加强对足球后备人才的培养,为中国足球注入新鲜的血液与全新的活力。可见,振兴国足是一项大工程。振兴国足的计划和体育强国战略方案不谋而合,足球运动有强大的感召力和广泛的影响力,如果我国能将足球运动发展好,那么离实现体育强国战略目标的距离也会更近一步。

(2)发展青少年足球是提高中国足球现实水平的需要

中国足球尤其是男子足球在各大足球比赛中接连受挫,屡战屡败给国足沉重的打击,使中国足球面临极大的挑战与困境。鉴于中国足球的发展水平与我国体育大国的身份不协调,为了与我国作为世界体育大国的地位相称,我们必须要大力发展足球,改善现状,提高发展水平。

我国足球整体缺乏良好的基础,尤其是缺乏青少年基础,缺少优秀的青少年足球后备人才,这是长久以来中国足球在世界各大比赛中没有取得良好成绩的一个重要原因。2010年,我国足球协会发布文件明确指出当前我国青少年足球的发展面临着很大的困境与许多的问题,并提议采取措施扩大足球人口规模,扩大青少年足球人口。中国足球的持续健康发展离不开青少年足球,后者是前者非常重要的"基石"。而要发展好青少年足球,就要努力做好两个方面的工作:一方面是加强足球运动在青少年群体中的普及,扩大青少年足球人口规模;另一方面是培养青少年足球人才,提高青少年足球水平。为促进青少年足球运动水平乃至整个足球运动水平的提升,促进中国足球的振兴,有序开展青少年足球工作,中国足协制定相关方案,对青少年足球运动发展现状进行调查,并分析发展中存在的问题,指出足球后备人才培养基础薄弱、青少年足球运动员数量少及质量有待提高等问题,并明确表示这是我国竞技足球和职业足球发展滞后的主要原因之一。方案中还针对中国青少年足球发展现状与问题而提出了改革要求与发展思路,明确了青少年足球发展的指导思想和发展思路,确定了发展目标,提出了具体工作任务和工作开展步骤,从多个维度推进中国青少年足球工作的稳步和高效开展。

(3)足球回归校园

由于中国足球经过多次改革后在竞技领域依然没有明显的成效,尤其是男子足球队依旧在各大赛事中频频以失败告终,因此中国足协总结经验教训,将青少年足球作为中国足球发展的突破口,确立了大力发展青少年足球的决心。2009年,《关于开展全国青少年校园足球活动的通知》及"实施方案"由国家体育总局和教育部联合下发。在这之前,自中华人民共和国成立以来我国体育总局和教育部针对体育单项的发展而联合下发文件的情况还没出现,这个"第一次"足以看出国家对青少年足球的重视及国家面向青少年群体而推广足球运动的决心。青少年校园足球活动起初先在青岛启动,后来足球进入全国各地中小学中。从方案启动要现在,我国开展校园足球活动的中小学已有2000多所,遍及全国几十个城市。我国开展校园足球运动不仅是为了发展中国足球,培养优秀人才,同时也是为了增强青少年体质,对青少年顽强拼搏、团结协作等体育精神进行培养。在这一培养目标和思想的指引下,校园足球活动越来越普及,各级学校相互衔接的足球联赛逐渐形成并完善,足球知识和运动技能在青少年群体中普及率不断提升,校园足球氛围越来越浓厚,青少年足球后备人才的培养也取得了一定的成绩。

(二)校园足球的发展历程

我国校园足球的发展大致经历了无序发展、初步发展以及快速发展三个阶段。

1. 无序发展

2009年以前,我国校园足球活动,包括足球教学、足球训练、足球竞赛等活动就一直持续不断地开展,但当时校园足球还未引起国家的高度重视,主要表现为政府没有出台相关规划与文件来扶持和指引校园足球发展。因为没有宏观引导,所以校园足球的发展处于无序状态。也有一些校园足球活动开展得比较好,如全国性的飞利浦大学生足球联赛,但因为各地经济发展不平衡,再加上足球氛围与传统的差异,所以校园足球活动的发展存在地区差异。经济发达、足球氛围好的地区校园足球发展水平高,经济落后、足球氛围差的地区校园足球发展水平低,没有形成全国一盘棋的局面。

例如,辽宁省根据本地校园足球的发展情况,由省足协和教育部门协作设立了一批中小学足球重点学校,这些学校是校园足球发展的重点学校,每年定期参加全省中小学足球比赛,校园足球发展模式覆盖全省,这类似于现在校园足球的发展模式。但当时我国其他地区并未出现类似的发展模式,各地校园足球存在显著的发展差距。

2. 初步发展

2009年4月,国家体育总局与教育部联合下发《关于开展全国青少年校园足球活动的通知》,以推动青少年体育工作的开展,增强青少年体质。这一文件指出,要在各级学校全面开展校园足球活动,让学生学习与掌握足球知识、技能,并以学校为支撑,在体教结合体制的引导下构建青少年足球后备人才培养体系,创建新的足球人才培养模式。国家为成功启动校园足球发展计划,设置了专项经费,从体育彩票公益金中拨专款为校园足球的发展提供经费保障。之后短短几年内,全国各地纷纷建立校园足球单位,参与校园足球活动的在校学生突破100万名。

2014年10月,国务院发布《国务院关于加快发展体育产业促进体育消费的若干意见》,加强对校园足球的全面推广。同年11月,国务院召开全国青少年校园足球工作电视电话会议,此后教育部正式负责全国青少年校园足球工作。在接下来关于校园足球工作的开展中,有关部门一直强调要加强教育部门与体育部门的联系,形成体育与教育整合的发展模式,以大力普及与全面推广校园足球,不断提高青少年的身体健康水平,并培养优秀的足球后备人才,为我国足球事业的发展作贡献。

3. 快速发展

2015年3月16日,国务院办公厅印发《中国足球改革发展总体方案》,这是校园足球上升为国家战略的重要标志,此后,我国进一步加快发展校园足球的速度,取得了良好的成果。有关部门在全国范围内大力普及校园足球,提倡在学校体育教学中开设足球课程,要求每学期足球课的学时要达到一定的要求,满足学生的学习需要,吸引更多的学生参与足球活动。国家重点扶持之前建立的校园足球特色学校和之后建立的校园足球学校,足球学校的发展取得了可喜的成绩。发展校园足球不但可以增强青少年学生的体质,还能扩大足球人口规模,为足球的发展奠定群众基础,为竞技足球和职业足球的发展储备优秀人才。

2015年7月,教育部发布《教育部等6部门关于加快发展青少年校园足球的实施意见》,文件指出,到2020年,全面支持建设2万所左右青少年校园足球特色学校,到2025年,支持建设5万所校园足球特色学校。

2016年,国家发改委公布《中国足球中长期发展规划(2016—2020年)》,指出进一步深化足球教学改革,不断丰富学校足球教学活动形式和教学内容,培养优秀的校园足球教师和教练员,提升足球师资专业技能和业务能力,并根据学生的身心发展特征开发足球网络课程,进一步完善校园足球课程教学体系。

2017年2月,教育部办公厅印发《关于加强全国青少年校园足球改革试验区、试点县(区)工作的指导意见》,该文件针对校园足球的改革问题提出了五项重点任务和四项保障措施,强调校园足球改革中的整体部署,针对校园足球教学、训练、竞赛等活动提出具有针对性的改革方案,形成完善的改革体系和规范的管理机制。

2018年,为了全面贯彻落实十九大精神和习近平新时代中国特色社会主义思想,我国认真总结校园足球工作经验,重点解决工作中存在的问题,继续加强校园足球基础设施建设工作,调整校园足球发展规划,完善校园足球教学、训练及竞赛体系,以做好校园足球各项相关工作,提高校园足球发展高度。[1]

2019年,教育部办公厅发布了《关于开展2020年全国青少年校园足球特色学校、试点县(区)和"满天星"训练营创建工作的通知》。该通知为引导地方和学校广泛开展校园足球教学、训练,加强体育师资和场地设施建设,不断提高校园足球发展质量和水平,储备优秀足球后备人才提供了指导方向。

---

[1] 谢敏. 我国校园足球开展现状刍议 [J]. 哈尔滨体育学院学报,2018,36(05): 56–60.

（三）校园足球发展取得的成绩

我国校园足球工作经过几年的发展，取得了如下成绩。

1. 资金投入力度增加，基础设施和师资建设水平提升

校园足球活动在我国开展以来，政府给予了很大的财政支持，从资金上保障了校园足球活动的顺利开展。在为开展校园足球活动而投入的资金中，很大一部分用于建设学校足球设施。足球场地、器材等是足球运动开展的基础条件，基础设施的改善为校园足球的顺利开展提供了最基本的保障。在校园足球场地建设中，既有新建的场地，也有改建和修缮的场地。经过这些努力，我国校园足球场地已有四万块左右，这为青少年参与校园足球活动提供了基础条件，打破了原来因为缺少场地而限制青少年踢足球的不良局面。

我国除了在校园足球基础设施建设上做了努力外，在足球师资引进与培养方面也做了大量工作。我国培养了大量的体育骨干教师，并为校园足球特色学校引进有很强管理能力的管理人才，为优秀足球师资创造与提供学习与培训机会。我国在师资培训上投入了大量的财力、人力资源，缓解了足球师资不足与青少年足球发展需求日益增加的矛盾，为校园足球活动的顺利开展和提高校园足球活动开展水平提供了人力保障。

2. 坚持以普及为基础，加强优化布局发展

我国从启动校园足球工作到现在，经过几年的努力，已经完成了多所全国校园足球特色学校的布局工作，设立了多个试点区县、改革试验区。随着足球特色学校及试点地区数量的不断增加，参与足球教学活动、业余活动与竞赛活动的中小学生人数达几千万人次，基本上实现了校园足球以普及为主的发展初衷。通过每年新增遴选学校的方式，陆陆续续让那些想开展且能开展校园足球活动的学校成功成为校园足球学校，促进了校园足球的普及以及学校布局的优化，而且通过年度评价机制，对那些开展不利、表面应付的学校提出警告乃至除名，保证了各级各类校园足球特色学校活动的开展，使得校园足球持续发展，同时也转变了社会对学校体育教育的陈旧观念，使社会各界认识到了校园足球作为奠基工程、育人工程以及探路工程的作用与价值。

3. 不断完善足球教学与竞赛体系，营造了浓厚的校园足球氛围

在全国校园足球课程教学指南的指导下，足球特色学校的足球教学持续开展，以"校内竞赛—校际联赛—选拔性竞赛—出国交流比赛"为一体的校园足球竞赛体系初见成效，在竞赛体系引导下广泛开展小学、初中、高中、大学四级联赛，并不断完善联赛制度，校园足球竞赛水平持续提高，各地校园足球四级联赛的比赛场次、参赛人数逐年上升，形成"班班参与、校校组织、地方推动、层层选拔、全国联赛"的校园足球竞赛格局，校园足球的育人功能得到进一步发挥。

4. 顶层设计规划与创新体制机制不断完善

围绕开展校园足球活动而组织的各类会议不断增加，及时讨论并解决校园足球活动开展中出现的问题和潜在问题。通过文件、会议以及相关调查研究的共同作用，全面统筹规划、宏观指导以及综合管理等措施，进一步强化对校园足球的组织领导和管理工作。同时，通过不断出台各类涉及校园足球活动发展的政策与制度，全方面规范、引导和保障校园足球发展。在以教育部为主要牵头的组织领导下，不断研究、部署校园足球重大改革举措和重点改革任务，制定各类发展性和评价性制度，协调联动、统筹推进校园足球发展，取得了较好的成效。①

（四）校园足球发展存在的问题

我国校园足球经过几年的发展取得了良好的成绩，但也存在一定的问题，下面分析几个主要存在的问题。

1. 制度和政策落实不到位

由教育部门和体育部门联合组成的校园足球主管机构存在责权不清晰，工作协调不到位，各自为政，监管责任不明确的问题，一些地方不同程度地存在着重规划、轻督察的现象。尽管已经下发了相关文件、制定了相关制度，但推进校园足球工作的招数不硬、措施不实等问题依然突出，工作执行过程缺少监督，导致政策贯彻落实不到位，制度执行力

---

① 邓毅. 推进校园足球改革发展中的问题呈现与破解对策研究 [D]. 长沙：湖南师范大学，2019.

较弱,从而难以保障工作效果。

2. 经费和场地设施不足

目前校园足球的经费来源主要是中央财政拨款和地方财政配套,一些地区受经济发展制约还不能提供配套资金。虽然政府不断加大对校园足球的财政支持力度,但政府财政拨款与校园足球的庞大体系和规模相比可谓杯水车薪。随着校园足球发展规模的扩大,发展资金的缺口进一步扩大。因此,发展校园足球还需要更多资金支持。

良好的足球场地设施是校园足球发展的基础条件,足球场地数量是制约校园足球发展的主要因素之一,而且短期内无法彻底解决。总体上,中国各地均存在足球场地不足的现象,小学足球场地尤其少,因而限制了校园足球运动的广泛开展。[①]

3. 师资队伍薄弱

为响应国家关于校园足球活动开展的方针政策,众多学校积极设置足球课程,组织足球教学,尤其是足球特色学校每周基本都能保证上一节足球课。但非足球特色学校普遍做不到每周上一节足球课,这与场地设施缺乏、师资力量薄弱等限制因素有关。学校足球课程体系建设水平还不够高,教学内容体系有待完善,课程组织与实施的延续性不强,不能有效衔接各阶段的足球教学目标和足球教学内容,尚未建立起统一的小学、中学、大学足球教学体系等,这些都是当前校园足球发展所面临的突出问题。教师资源也是非常重要的教学资源,但这类关键资源目前也是缺失状态,专业的足球教师比较少,而且大部分足球教师同时也是足球教练,专门的足球教练配备不足。如果靠传统培养计划来培养足球师资,以满足学校足球教学与训练的要求,那么我们需要几十年的时间才能配足,而且培养足球师资的渠道单一,短期培训又无法使非足球专业的体育教师具备足球执教与执训所要求的专业素养。足球师资数量缺口很大,现有师资专业性也有待提升,这也使得校园足球的发展受到了严重的制约。

---

① 王汉臣,陈金萍. 中国提升校园足球发展质量主要问题分析[J]. 沈阳农业大学学报(社会科学版),2019,21(05): 601–605.

4. 地区/城乡差异显著

各地足球运动的开展情况和发展水平与当地的经济发展水平有很大的关系。我国经济发展存在地区差异、城乡差异,所以各地校园足球活动的开展水平也存在差异。经济发展好的地区投入大量的经费支持校园足球活动的开展,足球设施、足球师资都配备齐全,而经济发展落后的地区没有能力设立专项资金来支持校园足球的开展,也没有强大的资源去培养优秀的足球师资。我国发展校园足球,经济相对发达的城市地区是主力,而乡镇及农村地区受经济条件限制,为全国校园足球发展而做出的贡献很少。

5. 校园足球竞赛体系及文化建设有待完善

现阶段,我国校园足球竞赛的组织不够合理、规范,足球联赛赛制单一,还没有形成完善的包含小学、中学、大学在内的连贯衔接的三级竞赛体系;同时参加足球联赛的学校相对较少,而且参赛队伍的实力良莠不齐,大大影响了联赛质量,也弱化了举办联赛的价值和真实意义。此外,校园足球比赛形式不够丰富,赛事活动组织得较少,校内比赛和校际联赛缺乏必要的沟通与联系,这些都是校园足球竞赛体系不完善的主要表现。

另外,我国中小学缺乏良好的足球运动氛围,尚未建立起完善的足球文化体系,甚至有些高校也是刚开展足球运动不久,还在创建足球文化的摸索阶段。在我国校园足球发展过程中,有些学校急功近利,大搞形式主义和面子工程,对足球活动质量及开展足球活动取得的效果却丝毫不在意,这与我国发展校园足球的初衷与目标是相偏离的。学校缺少良好的足球活动氛围还与家长的不支持有关。有些家长认为踢球会影响孩子学习成绩,所以不允许学生踢球。由于缺少家长的支持,导致很多学生与足球渐行渐远,学校足球文化建设受到严重影响。

第二节　足球后备人才的身心特征及竞技能力结构

一、足球后备人才的身体特征

（一）生长发育特征

人体生长发育是长期的过程，是连续不断的过程，是从量变到质变的过程，也是按一定规律变化发展的过程。足球后备人才以青少年儿童为主，他们的生长发育呈现出如下特征。

1. 连续性

人是按一定的顺序和规律生长发育的，在完整的生长发育过程中会经历几个不同的阶段，各个生长发育阶段有先后顺序，不能跨阶段发展。而且，前面阶段的生长发育情况会影响后面阶段的生长发育。如果前一阶段生长发育得好，就能够为后面阶段的生长奠定良好的基础；如果前一阶段发育异常，后面阶段的发育也会受到制约。人体生长发育规律如图 1-1 所示。

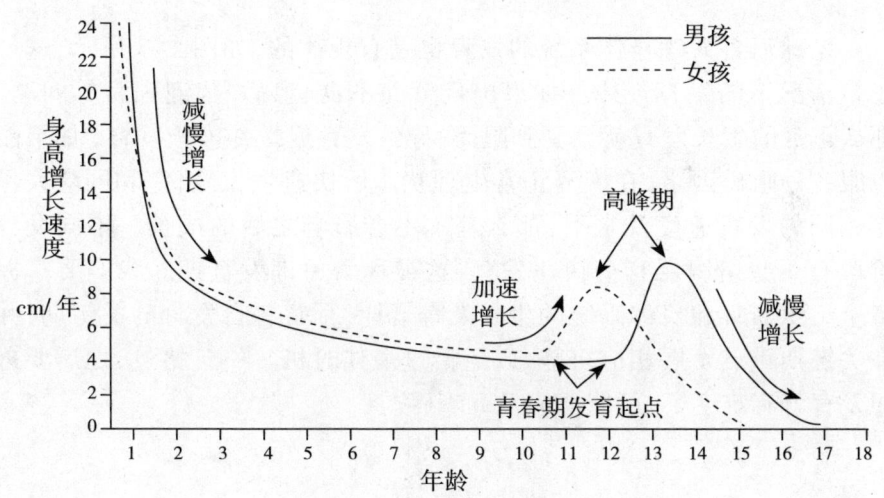

图 1-1　生长速度曲线[1]

---

[1] 陈亚中. 青少年足球科学训练探索 [M]. 北京：北京体育大学出版社，2007：45.

2. 不均衡性

并不是说随着年龄的增加，人的生长发育速度持续提升，从图1-1来看，人的生长发育图不是直线上升的，而是呈波浪状不断变化的，有时发展快，有时发展慢，呈现出不均衡性。正因如此，人体各个器官的发展可能在这个阶段快一些，而另一个阶段慢一些，这个阶段可能某方面的器官发展快一些，而其他器官发展慢一些，到了其他阶段就可能之前发展慢的器官会快速发展，而之前发展快的器官发展速度减慢。

3. 差异性

这里的差异性主要是指男生和女生生长发育的差异，是性别层面的差异。男女各项生理指标在不同阶段的发育速度可能不同。从最简单的身高和体重来看，如图1-2所示，男女出现快速增长期的时间是女生早，男生晚，从突增曲线的波峰来看，男生高一些，从波幅来看，男生窄一些。

4. 其他特征

足球后备人才身体系统的发育也是有规律的，如图1-3所示，这是正常情况下的发育规律。如果出现营养不良、患病、代谢失常等问题，那么正常的生长发育就会受到阻碍，导致发育迟缓并停止发育；如果能克服各种阻碍因素，在恢复正常生理状态后快速生长发育，和同龄人保持相同的发育速度及水平，那么基本不会影响之后的成长。不同发育阶段有一些组织器官会快速发育，这被称为关键发育期。我们要掌握各个组织器官和机体系统的生长发育规律，了解各自发育的关键期，并在关键期重点发展相应机能，以免错过最佳时机。一旦错过，之后要再想发育就有难度了，可能造成发育障碍。

第一章　足球运动与后备人才概述

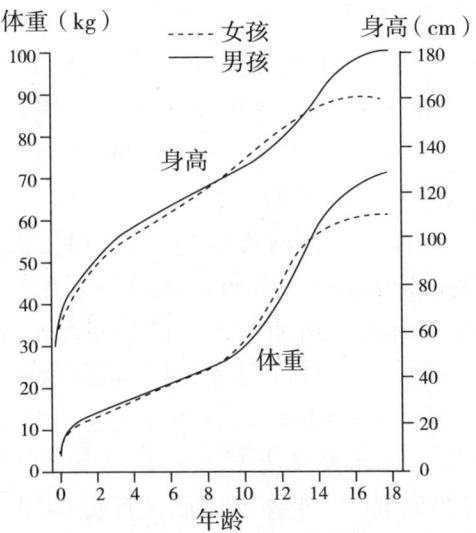

图 1-2　身高、体重生长曲线 [1]

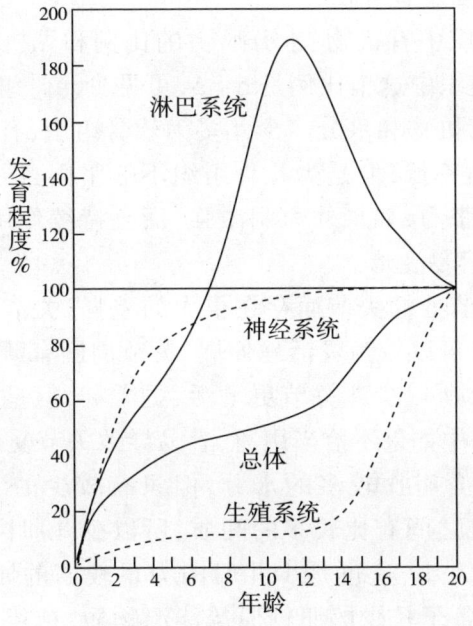

图 1-3　身体系统发育规律 [2]

---

[1] 陈亚中. 青少年足球科学训练探索 [M]. 北京：北京体育大学出版社，2007：47.
[2] 同上.

先天遗传和后天环境都会影响足球后备人才的生长发育。生长发育既有可能性,也有现实性,好的遗传为后备人才良好的生长发育提供了可能性,而真正发展成什么样主要由后天环境所决定。后备人才的生长发育会受到自身心理行为的影响,反过来,生理发育也会影响心理行为,人的身心发展是相互影响的。

虽然人体生长发育有自身的规律与特点,但是因为遗传因素和环境因素都会影响生长发育,所以不同足球后备人才的生长发育也是存在差异性的。即使是相同性别和相同年龄的足球后备人才,也会因为先天和后天因素的影响而在身体形态、身体机能及运动素质的生长发育中显示出差别。因此,研究足球后备人才的生长发育,既要发现一般规律,也要分析不同个体之间的差异及造成差异的主要原因。了解足球后备人才的生长发育特征,能够为体质测评提供理论依据,为运动选材和专业培养提供理论参考。

(二)运动器官发育特征

成年人骨组织中有机物、水分所占的比例和无机盐所占的比例为3:7,而少儿骨组织中这个比例是5:5,可见少儿骨组织中无机盐含量少,含量多的是有机物和水分。少儿多为软骨组织,有很好的弹性和韧性,发生骨折的概率低,但是少儿骨组织不够坚固,不像成人一样能承受很大的压力和张力,如果外力刺激强,而且持续作用较长时间,那么少儿的骨组织很容易变形。

少儿不同关节处的关节面存在很大的差异,关节面有比较厚的软骨,关节附近韧带可以较为灵活地伸展,关节周围有薄弱、细长的肌肉。因为这些特殊性,所以少儿关节更灵活、更柔韧,但是关节不够稳固和牢固,在足球训练中如果不恰当用力,容易导致关节受伤。

少儿肌肉中含有比较多的水分,但只有较少的无机盐和收缩蛋白,再加上肌纤维之间有比较多的间质,所以少儿肌肉比成人柔软,肌肉横断面积比成人小,这也是少儿肌肉力量较弱的原因。此外,因为少儿肌肉中只储备了较少的肌糖原等能源物质,神经调节肌肉的能力较少,因此缺乏良好的肌肉耐力和肌肉协调性,这是少儿在足球训练中早早出现疲劳症状的主要原因。少儿运动疲劳出现得早,但恢复得也快。

人体肌肉随年龄增加而生长,肌肉在生长过程中,水分所占的比

第一章 足球运动与后备人才概述

例降低,无机盐和蛋白质所占比例增加,肌纤维粗度增加,肌肉力量也不断提升。少儿不同身体部位肌肉的发育并不是均衡的,发育有早有晚,有快有慢,发育较早且发展较快的是身体浅层的大肌肉,发育较晚且发展较慢的是深层的一些小肌肉。少儿神经系统支配与调节肌肉活动的能力还不够强,所以在足球训练中还不容易做出很精确与协调的动作,身体平衡的控制力、肌肉运动能力和成年人相比也有一些差距。

（三）有氧和无氧运动能力发展特征

足球后备人才身体各器官机能的基础能量代谢能力,尤其是呼吸系统、心血管系统的形态结构、功能等直接决定了其有氧和无氧运动能力。

足球后备人才在进行足球训练时,由于心脏的工作负荷加大,可以使心率增加,血流量增大,全身血液循环得到改善,同时使心肌发达、心室壁增厚,心脏体积增大。参加训练一年以上的14—17岁足球运动员,心脏体积增大,具体表现为心脏的横径、宽径和纵径都比同龄人大。由于心肌发达,心脏收缩力量增强,心脏每搏输出量也随之增大。在运动过程中,尽管有训练的足球后备人才与同龄人的心脏每分输出量基本相同,但每搏输出量却远比同龄人大。这说明,有训练的后备人才主要靠增加每搏量来加大心输出量,而同龄人主要靠增加心搏频率来加大心输出量。

通过运动训练,足球后备人才呼吸系统的发育水平得以提高,主要表现在呼吸肌发达、胸围增大、呼吸差增加、呼吸深度及肺活量增大,以及安静时呼吸频率相应地减慢（图1-4）。足球后备人才由于呼吸系统、心脏血管系统的机能水平较高,最大吸氧量也比同龄人大,这使得他们在剧烈运动中的工作能力比同龄人要强,能承受较大强度的运动训练。[1]

---

[1] 陈亚中. 青少年足球科学训练探索[M]. 北京：北京体育大学出版社,2007：74.

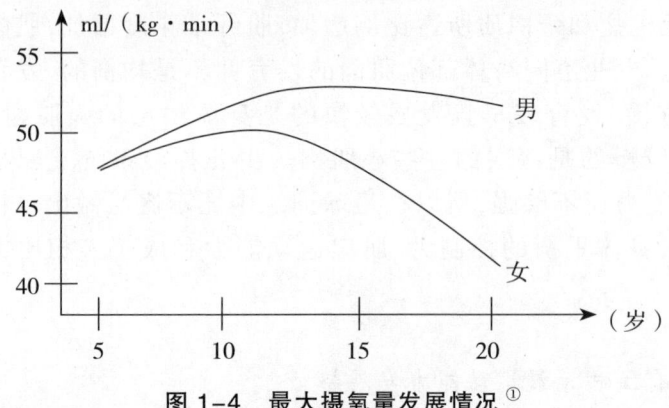

图 1-4 最大摄氧量发展情况[1]

无氧活动能力是指在较短时间内进行高强度运动的能力。足球后备人才的无氧活动能力低于成年人。随着机体发育的不断成熟,青少年的无氧活动能力就会得到提高,而且可以主动进行无氧运动。此外,也可通过提高机体雄性激素水平、ATP 与 CP 和糖原的含量以及最大血乳酸水平等增强机体无氧活动能力(图 1-5)。

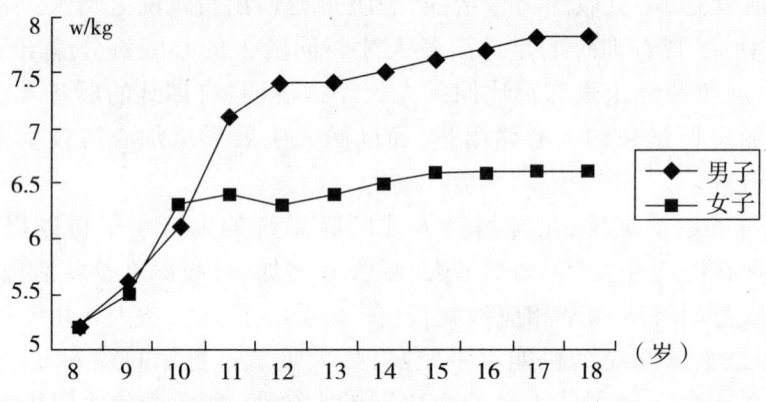

图 1-5 无氧能力发展情况[2]

---

[1] 刘丹,赵刚. 青少年足球训练纲要与教法指导[M]. 北京:人民体育出版社,2011:27.
[2] 同上.

（四）体能素质发展特征

足球后备人才体能素质发展具有阶段性，具体表现为周期阶段性与年龄阶段性。足球后备人才自身发展规律因素与训练因素共同影响其体能发展的阶段性。

足球后备人才体能发展过程中会出现自然增长阶段和稳定阶段。自然增长阶段指的是随着年龄的增长，体能素质逐渐增长。自然增长阶段有缓慢增长和快速增长两个不同表现。稳定阶段指的是体能缓慢增长或不再增长甚至下降的阶段。

通常，女子体能自然发展过程中会出现两个波峰，第一个波峰出现在11—14岁期间，第二个波峰则在19—25岁期间出现；男子各项体能素质在19—20岁发展到高峰时期，23岁之后体能缓慢增长甚至有所下降。

足球运动员发展体能素质的关键阶段是青少年时期。在这一时期，各体能素质的发展几乎都处于最高水平状态，此时进行科学的体能素质训练，有助于提升专项体能素质和综合竞技能力。[①]

足球后备人才竞技能力发展的顺序特征如图1-6所示。

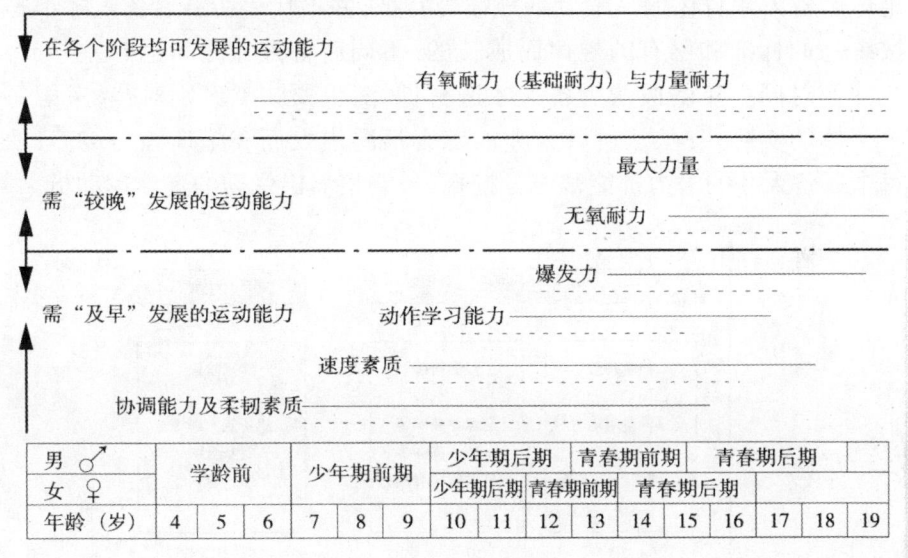

图1-6　各个年龄段可发展的运动能力[②]

---

① 刘丹，赵刚. 青少年足球训练纲要与教法指导[M]. 北京：人民体育出版社，2011：29.
② 同上.

以力量素质为例来简单分析，可以通过最大力量、绝对力量来测量力量素质。青少年时期男子的力量水平与性成熟年龄密切相关，而女性则与成熟年龄中度相关。力量素质测试中握力是常用指标，对儿童青少年握力进行测量可以了解其力量发展情况，发现力量素质增长规律，如图 1-7 所示。

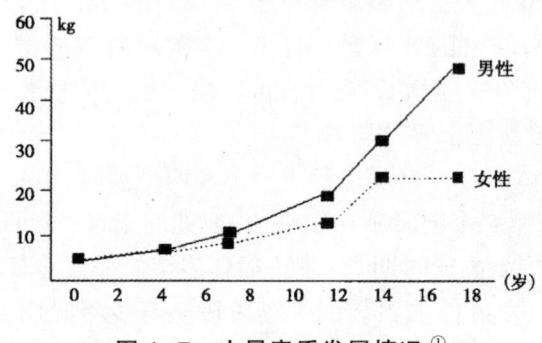

图 1-7　力量素质发展情况[①]

了解足球后备人才的身体特征后，可以对不同年龄段的后备人才进行针对性训练，训练安排可参考图 1-8。需要注意的是，上面只是分析了足球后备人才身体的一般发展规律与特征，并不代表所有后备人才都是按统一的标准和已有的规律而成长的，不同后备人才之间也有差异，因此即使对同一年龄段的后备人才进行训练，也要注意区别对待，考虑每个个体的实际情况，从后备人才的综合情况出发而实施训练与培养，使每个后备人才的潜力都能被充分挖掘，最终培养出优秀的足球运动员。

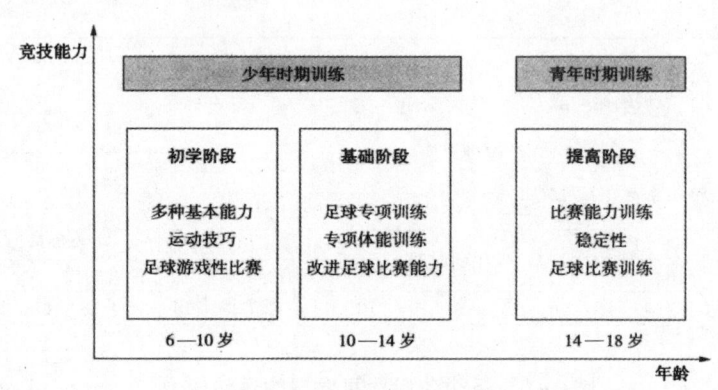

图 1-8　竞技能力发展图[②]

---

① 刘丹，赵刚. 青少年足球训练纲要与教法指导 [M]. 北京：人民体育出版社，2011：32.
② 同上.

二、足球后备人才的心理特征

（一）认知过程

足球运动的规律、特点都与足球本身的属性有关，所以具有一定的特殊性。足球运动的特殊性要求足球后备人才在训练和比赛中有准确的时空知觉、运动知觉，能准确判断传球意图，能高度集中注意力，并根据目标合理分配注意力，能灵活思考并敏捷做出反应。这些心理品质和心理能力是足球后备人才应该拥有的基本心理素质，也是青少年足球运动员的重要心理特征。

足球后备人才在训练、比赛等实战中，其自身的身心因素也会影响技战术行为表现。足球后备人才因为身心特征的独特性，容易分散注意力，情绪稳定性差，缺乏意志力和坚定的信心。这就要求针对足球后备人才进行心理训练时，重点加强注意力训练、情绪训练和自信心培养训练，通过完善他们的心理品质来提高其技战术行动质量。拥有良好认知能力和心理品质的足球后备人才战术意识比较强，能迅速判断和行动，感知的准确性高，反应灵敏，和对手正面交手时容易赢得心理上的优势。

（二）感知过程

足球运动员在赛场上要反复完成大量的跑、传接球等技术，在技战术行动过程中运动员要调动全身各个感知觉，包括视觉、听觉、机体觉、平衡觉、肌肉运动觉等，而只有保持心态稳定、拥有良好的心理机能才能充分调动这些感知觉，这也是足球后备人才应该具备的心理特征。经过不断的专项训练，足球后备人才会形成专门化的心理机能，感知觉能力也具有专项化，也就是形成了良好的"球感"，这是足球运动后备人才充分发挥自身技战术水平的重要条件。

（三）思维过程

足球比赛中，竞争异常激烈，攻守双方的转换瞬息万变，技战术动作快速完成，在这样特殊的竞争环境下，足球后备人才必须高度集中注意力，有效分配注意力，感知要准确、快速，善于观察细节，准确判断、全面分析，对对方的技战术意图予以正确的判断，从而积极应对。足球后备人才在竞技场上的思维活动是有预见性的，是迅速敏捷的，是有益于控制行动及创造性地充分发挥技战术水平的。足球技术行动、战术配合是运动员大脑思维的主要内容,这种思维最终也表现在实际的技战术行动上。

(四)注意力

在一场足球比赛中,足球后备人才要完成大量的技术动作和不断变化的战术行动,而且比赛节奏很快,富于变化,持续时间长,所以要求后备人才的注意力具有良好的稳定性,并达到一定的强度水平。技术行动及战术配合是运动员的注意力集中指向的目标。在这一基础上,要准确判断和预测赛场形势,根据判断做出应对行动,使每个技术和每个配合都能高质量完成,并达到预期效果。如果足球后备人才的注意力缺乏一定的强度,没有很好的稳定性,总是分散注意力,那么稍不留神就会影响动作质量,出现失误,陷入被动。

此外,注意的范围大也是足球运动的特殊性对后备人才提出的一项专项要求。足球运动场地广阔,双方队员遍布球场各地,所以要求足球运动员必须能够在单位时间内注意到更多的对象和更广的范围。除了要有广泛的注意范围外,还要能够根据比赛的变化而转移注意力,在关键的地方分配更多的注意力,将注意力合理分配到各个重要的领域,如此才能在变化莫测的比赛环境中保持稳定的状态,不慌乱,从容应对,提高技战术动作质量。

(五)情绪和意志

足球后备人才在足球实战中会产生鲜明而强烈的情绪体验。足球后备人才对比赛过程的认知及对比赛结果的预测受到其自身情绪的影响。如果足球后备人才能够深刻理解比赛的重要性,那么其就容易产生强烈的情绪体验,而且越临近比赛,这种情绪越明显。在正式比赛中,赛场攻守形势的变化、比分的差距、技战术能力发挥情况等会影响后备人才情绪体验的变化。

足球后备人才在赛前、赛中及赛后产生的情绪体验是不断变化的,而且这个变化也是有一定规律的。情绪体验的性质及变化情况对其在赛前的准备、赛中的发挥以及赛后的恢复都有重要影响,也直接影响比赛结果。优秀的足球后备人才在赛中应保持积极的稳定的情绪状态,以促进自控能力的提升,并根据需要而调整自己的行动。后备人才情绪状态的稳定性和自我控制能力受到其意志品质的影响。意志顽强的后备人才往往能够保持稳定的增力情绪状态，而意志薄弱的后备人才心理容易异常紧张，无法应对复杂多变的实战比赛。紧张的心理必然导致行动上慌乱、失误，导致技战术完成质量下降，最终影响心理健康和比赛成绩。

三、足球后备人才竞技能力结构分析

竞技运动员的竞技能力结构如图 1-9 所示。

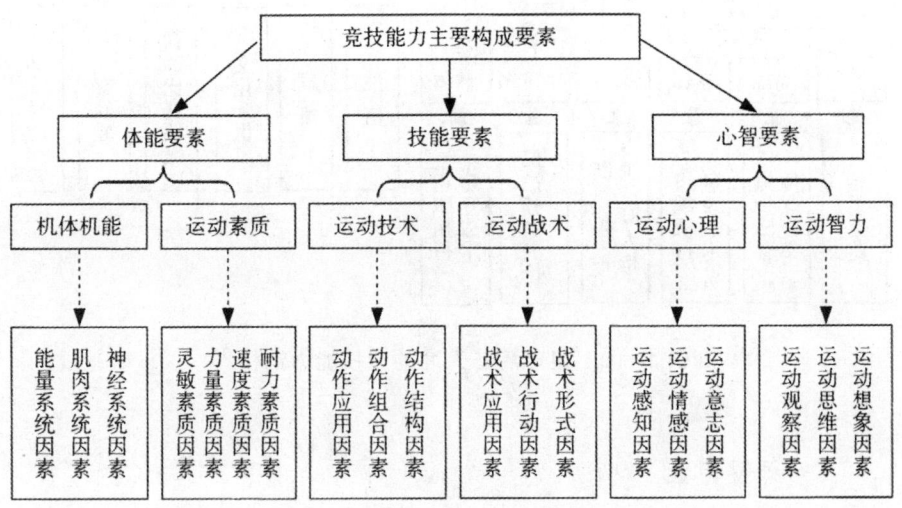

图 1-9　竞技运动员的竞技能力[①]

从事任何项目的运动员都应该拥有良好的体能素质、技能素质和心智能力，其中体能是运动员的基础素质，技能是运动员的核心素质，心智能力是支持运动员取得良好训练和比赛成绩的保障素质。从事足球项目的足球后备人才应该具有和足球专项相符的体能素质、技能素质及心智能力。足球后备人才的竞技能力结构如图 1-10 所示。图中将竞技能力的组成要素分为外显因素和内隐因素，其中外显因素中的进攻和防守就是一般竞技能力结构中的技能要素。下面具体分析足球

---

① 田麦久. 运动训练学 [M]. 北京：高等教育出版社, 2016：52.

后备人才的外显竞技能力因素和内隐竞技能力因素。

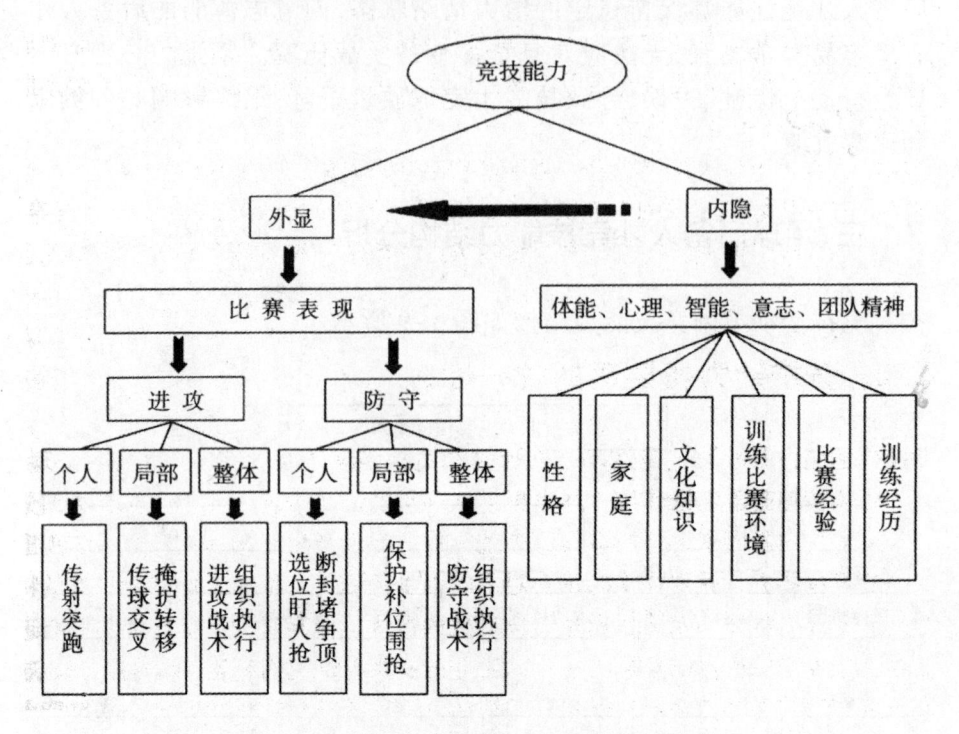

图 1-10　足球后备人才的竞技能力结构[①]

（一）外显因素

1. 进攻性因素

（1）运动员在定位球进攻中的得分方法以及在整体进攻中的作用及表现。

（2）交叉掩护配合、传切配合及转移进攻中的战术在局部进攻中的合理使用。

（3）深入掌握和正确运用足球战术中跑位、突破、传球、射门等技术。

---

① 刘丹,赵刚. 青少年足球训练刚要与教法指导 [M]. 北京：人民体育出版社，2011：35.

2. 防守性因素

（1）保护、补位、围抢在局部防守中的运用。

（2）整体防守中，定位球防守表现以及执行与同队队员的协同合作的战术等。

（3）在防守中，运用个人选位、盯人、抢球、断球、封堵等技术。

（二）内隐因素

足球后备人才的体能、心理、智能、意志和团队精神等多方面的因素共同影响着其技战术行为。我们把这些影响因素称为内隐因素。这些因素是以技战术行为为依托的，各个因素在比赛中的存在并非孤立的。

1. 体能

体能是足球后备人才参与训练、比赛的基础保障。例如，比赛中激烈的对抗需要运动员具有良好的力量素质；快速完成有效移动、技术动作等需要运动员具有较快的速度；长时间高水平的足球比赛需要运动员具有良好的耐力水平；等等。

2. 心理

（1）良好的心理素质能够保证足球后备人才稳定发挥自身技战术水平。

（2）良好的意志品质有助于帮助足球后备人才克服比赛中的障碍。

（3）良好的团队精神与团结意识有助于充分发挥全队的整体力量。

3. 智能

良好的智能水平有助于足球后备人才正确分析比赛场上的形势，合理选择技战术行动。

内隐因素与外显因素是竞技能力的两个方面，但也是统一的整体。足球后备人才要在比赛中稳定表现竞技能力，就要加强体能、心理、智能、技术、战术等各方面因素的训练。

第三节　我国足球后备人才的现实状况

一、我国足球后备人才培养现状

（一）足球学校和业余足球俱乐部后备人才培养现状

足球学校的足球后备人才大都是年龄在7—16岁之间的青少年。足球学校重点培养后备人才的足球技能，学校考核也主要是测试球员的体能和足球技战术水平，而对于球员的思想教育如集体主义思想教育、爱国主义思想教育、团结友爱思想教育，以及对球员体育精神、运动员职业道德精神的培养，往往重视不够。足球学校虽然是按体教结合的体制培养足球人才的，但实际上存在严重的"重体育、轻教育"的现象，这与一些普通学校中存在的重教育、轻体育的现象恰恰相反。足球学校有些学生因为没有系统地接受九年义务教育，而且后续教育和文化素质的培养不力，所以导致他们文化水平较低，影响以后选择第二职业。重体育、轻教育最终也阻碍了足球学校培养与输送人才的通道。

随着足球运动的不断普及和职业足球联赛的开展，我国陆续出现了一些业余足球俱乐部，其开办者主要是体育相关企业、足球教练员、退役运动员。我国业余足球俱乐部数量较多，规模有大有小，广泛分布在全国各大城市。业余足球俱乐部多年以来一直按"三级训练网"的模式培养足球运动员，人才培养模式单一，与业余体校培养体育人才的模式如出一辙，没有从业余俱乐部自身情况出发而培养有特色的球员，导致人才培养质量不理想。

（二）职业足球俱乐部后备梯队建设现状

职业足球俱乐部后备梯队伴随足球职业俱乐部的成立而形成。根据国家足协的相关规定，各职业足球俱乐部必须要建立二、三线队伍。但由于体制和市场等因素的影响，足球运动职业化改革、运动队组织管理和俱乐部经营情况都不乐观，从而导致我国职业化足球改革没能及时将培养后备人才纳入俱乐部运营的中心地位。大多数职业足球俱乐部主要依靠"三级训练网"体系培养人才，这严重违背了足球后备人才以俱乐部培养为主的原则。

第一章 足球运动与后备人才概述

2004年,中国足协推出超级联赛体制。新体制把通过俱乐部建设后备人才梯队放在首要位置,全面规范了职业俱乐部的结构建设,把俱乐部后备人才培养引入国际化轨道,力图从根本上解决我国足球人才匮乏的现状。有关调查发现,我国很多职业足球俱乐部都设立了二线足球队伍,超过一半多的俱乐部设立了三线足球队伍,有些俱乐部还建立了足球学校,俱乐部的后备梯队常年在学校学习、训练,取得了突出的成绩。然而,中国职业俱乐部在培养后备人才方面只能发挥有限的作用,没能担负起人才培养重任。

(三)学校足球后备人才培养现状

学校一直是我国体育后备人才培养的"基地",虽然传统竞技体育训练体制——"三级训练网"一定程度上淡化了学校在培养体育后备人才中的地位和作用,但体育传统项目学校、体育后备人才试点学校、校园足球特色学校等一直积极为各级运动队选拔、培养、输送好苗子。但由于在现代足球训练管理体制中,把培养足球后备人才的主要渠道放在职业俱乐部后备梯队、足球学校和业余足球俱乐部,学校足球只处于次要地位,而且学校在人才培养中面临经费短缺、教练员和管理人员不足等问题,因此严重影响了校园足球的全面开展和提高。

二、我国足球后备人才训练现状

在职业足球俱乐部后备梯队建设中,U19和U17年龄段的球员由于在训练年限和年龄上接近成熟,因此基本按职业队的管理方式进行训练和组织管理,没有学业要求。U15年龄段是半日文化课学习,半日训练。而在足球学校中运动员一般是半日文化课学习,半日训练。业余俱乐部和中小学主要利用课余时间训练。与业余俱乐部、普通学校相比,职业足球俱乐部对各年龄段运动队的训练组织、训练要求、训练控制、训练安排相对更为规范、严格,后勤系统更充实、有力。但整体来看,不管是职业俱乐部的训练,还是业余俱乐部、足球学校或普通学校的训练,都普遍存在凭经验、凭感觉训练,训练缺少科学性、系统性、全面性等问题,尤其是在训练中提出成人化要求,忽视了青少年身体、心理和智力特点,针对性不强,指导思想不突出,训练要求、训练手段和训练内容的年龄区别不鲜明,致使训练效益不高,训练成材率低,运动员缺乏个性特点。因此,依据足球运动员竞技成材规律,遵循青少年身心发育特点,按照比赛客观规律和实战需要进行科学训练是目前提高我国足球后备人才训练水平的重要突破口。[①]

---

① 李泽峰. 我国足球后备人才培养的现状与对策研究 [D]. 重庆:西南大学,2009.

第二章 足球后备人才科学训练与管理理论

足球后备人才的训练不能盲目进行,除了要按照事先制定好的训练计划进行训练外,还要加强其科学训练与管理,这样才能保证运动训练活动的顺利进行。本章就重点研究与分析足球后备人才科学训练的基本理论与方法,以为后备人才的足球训练提供良好的指导。

第一节 足球后备人才训练的基本思想指导

足球后备人才的训练一定要保证科学性和有效性,这样才能取得理想的训练效果。在具体的训练中,足球运动员要以教育思想、科学性思想等为指导,积极地参加足球运动训练。

一、教育思想

在具体的足球训练中,教练员还要帮助运动员树立科学的教育思想,加强运动员的人文素质教育,提高其综合素质。运动员参加足球运动训练的目的不仅仅是取得比赛胜利,还有一个重要的目的在于育人,促进自身的全面发展。因此,在平时的足球运动训练中,要非常重视后备人才的文化课学习,处理好学与训之间的矛盾,对年轻的后备人才进行必要的系统性教育,将先进的教育思想贯彻于运动训练之中。

教育性训练理念可以说是足球后备人才训练的一个重要指导思

想。要想很好地贯彻这一指导思想,需要注意以下要点。

（一）公平性

在平时的足球运动训练中,教练员一定要充分灌输给足球后备人才公平性竞争的基本原则,对所有的运动员都秉持一视同仁的态度,这样才能充分激发运动员的潜力,营造一个良性竞争的氛围,从而发掘出一大批高素质的足球后备人才。

（二）行为规范

在平时的足球训练中,还要树立良好的行为规范。这样才能维持良好的训练秩序,有利于取得理想的训练效果。

（1）培养运动员讲文明、讲礼貌、讲团结、讲奉献等的优良品质,培养其良好的集体主义精神。

（2）培养运动员遵纪守法的习惯和意识,运动员要按照既定的规则参加训练和比赛,违反规则就要受到一定的惩罚。

（3）培养运动员刻苦训练的精神,提升他们的自信心,帮助其完善自身心理品质,这样有助于其更好地处理训练或比赛中的突发状况。

（4）培养学生运动员的职业素质,让他们意识到树立事业心的重要性,培养责任意识,不断发展和提高自己。

（5）培养运动员公正竞赛、团结拼搏的职业道德,让他们正确处理好个人与集体之间的关系,勇于奉献自己。

（6）培养运动员良好的卫生习惯和个人饮食习惯,摒除不良生活嗜好,获得全面健康的发展。

（三）职业道德教育

对足球后备人才进行职业道德教育是非常有必要的。在平时的训练中,教练员要指导运动员学会自律,遵守比赛规则,严格按照公平竞赛的精神参加训练和比赛。

在足球比赛中,运动员应注意自己的各种行为,保证比赛的顺利进行。

（1）在训练或比赛中,运动员要注意自己的负面情绪,及时调整自己,杜绝不良行为,以免给人产生消极影响。

（2）竞技体育比赛难免会有失败,在失利时运动员要勇于承担责任。即使是由于队友的失误或裁判的误判而导致失败,运动员也要及时调整自己,从自身的角度寻求正确的处理办法。

（3）在训练和比赛中,运动员不要采用污辱性的语言挑衅对方,要认真投入训练和比赛之中。

（4）不能在训练和比赛中向他人表示出敌意。

（5）在训练和比赛中不能故意伤害他人,不能做出违背体育道德的行为。

（6）不能为了达到比赛胜利的目的而做出违反公平竞赛精神的行为。

（7）不能在比赛中试图以欺骗的手段使对方运动员被罚下场,这不符合职业道德和精神。

（8）运动员之间要相互尊重,相互帮助,实现共同的目标。

（9）胜不骄败不馁,在训练和比赛中提高自己。

二、科学性思想

科学性也是足球后备人才训练的一个重要的指导思想。这一指导思想主要指的是运动员在日常训练中,一定要以科学的训练理念为依据,选择先进的训练手段与方法进行训练,从而提高自己的运动水平。足球后备人才训练的科学性指导思想主要体现在以下几个方面。

（1）根据具体的训练实际和个人特点确定合理的训练目标。

（2）制定的短期目标要与整个训练进程相适应,符合训练的基本要求。

（3）教师为学生运动员提供的指导要科学合理,利于学生足球运动水平的提高。

第二节　足球后备人才科学训练的原则与方法

要保证足球运动训练的顺利进行,取得理想的训练效果,还需要运动员按照一定的规则和方法进行训练,这样才能保证运动训练的科学性和有效性。

一、足球后备人才科学训练的原则

（一）适宜负荷原则

足球后备人才在训练的过程中需要承担一定的运动负荷，因此，一定要充分遵循适宜负荷的基本原则。在足球运动训练中，要以所确定的训练任务为依据，结合运动员的个体条件和专项水平，逐步地有节奏地加大运动负荷，直至最大限度，这样才能保证足球训练的科学性和有效性。

足球运动训练效果的获得主要取决于运动刺激的强度，即要采用适宜的训练强度，才能保证所取得的刺激效果是有效的，从而保证理想的训练效果。如果刺激较弱，就不能引起肌体功能的变化；而如果刺激过强，则可能会对运动员的身体造成损伤，妨碍运动训练的顺利进行。

（二）动机激励原则

人们参加任何活动都有一定的动机，对于足球后备人才而言也是如此。因此，在具体的足球训练中，一定要利用好运动员动机激励的基本原则，为运动员的发展提供充足的动力。动机激励是指通过多种方法和途径，激发运动员积极主动地参加运动训练的原则。这一原则应充分贯彻足球训练的始终。

贯彻动机激励的基本原则，需要注意以下几个方面的要求。

（1）在具体的训练过程中，对学生进行训练的目的性教育和价值观教育。

（2）在具体的训练中，应充分满足学生运动员各方面的训练需求。

（3）充分发挥运动员的主体作用，促进训练效果的提高。

（4）激发全体运动员参加训练和比赛的兴趣。

（5）教练员要做好示范与指导工作，为学生运动员树立一个良好的榜样。

（6）充分利用各种动力手段，激发运动员参加足球训练的积极性。

（三）竞技需要原则

竞技需要原则是为了促进运动员竞技能力和运动成绩提高，结合具体实战,合理地安排训练内容、训练手段和方法等的原则。运动员参加训练的主要目的在于提升自身的竞技水平,满足竞技比赛的需要,因此竞技需要原则是运动员参加训练的一个重要原则。

首先,竞技需要的基本原则与训练的目标大体是相一致的。

其次,当今足球运动训练水平出现越来越专业化的趋势,一切训练活动要满足竞技运动的需要。

足球后备人才贯彻竞技需要原则应注意以下几点。

（1）合理地安排训练和比赛。

（2）要认真处理好足球运动训练中各个方面的问题。

（3）针对运动员的专项竞技能力结构与特点合理地安排训练活动。

（4）按照竞技需要的原则确定运动训练负荷内容和手段。

（5）确定运动训练负荷的基本结构。

（四）积极主动性原则

运动员参加运动训练一定要积极主动,这样才能取得理想的训练效果。首先要确定合理的训练目标,然后以此为方向,来提高运动训练的积极主动性,而积极性和自觉性对于是否能长期坚持进行运动训练是非常重要的。从某种意义上来说,运动员参加足球运动训练,需要有一定的明确的目标指引,如此才能取得理想的训练效果。

运动员遵循积极主动性原则参加足球训练应重点注意以下几个方面。

1. 目的明确,动机端正

足球后备人才参加足球训练的主要目的在于提升自身的竞技水平,取得理想的运动成绩,这一点是非常明确的。在此基础上,运动员还要在动机上端正,这一点也至关重要,关系到体育运动训练效果的好坏。

2. 增加趣味性,充分调动训练积极性

运动员参加运动训练不是短期的事情,而是会持续数年甚至十几年的训练周期,这就需要运动员在训练过程中,尽可能增加训练的趣味性,这样才能保证运动员训练的积极性,从而取得理想的训练效果。

（五）系统性训练原则

系统性训练原则，主要强调在运动员从开始训练到取得一定的训练成效所经历的整个过程中，所涉及的训练因素之间都是前后连贯、紧密相关且不中断的关系。实践证明，运动员理想成绩的取得，与多年系统的训练有着不可分割的密切联系。优秀运动员都是必须经历长期系统的训练才能实现的，即便是先天条件再好的运动员，只进行短期、零碎、彼此脱节的训练也无法成为一名优秀的运动员，因此说训练一定要保证系统性。

整个足球运动训练可以分为不同的训练阶段，所安排的训练内容也各不相同，但是有一点是确定的，即这些因素之间都有着密切的联系，它们之间彼此相关、相互影响、相互促进。从本质上来说，学习和掌握运动技能是建立运动条件反射。如果运动训练过程中出现间断情况，则往往会使已建立起来的条件反射消退。因此，这就要求必须经过长期不断的系统训练，如此才能巩固已获得的条件反射，获得理想的训练效果。

运动员遵循系统性训练原则参加足球训练时，要注意以下几点。

（1）要想成为一名职业运动员，训练应尽可能保证从小就开始训练，并且要保证训练课的长期性和系统性。通常，对于一名优秀的运动员来说，其在成绩上的崭露头角，需要经历的训练时间不会少于8—10年。这个长期的训练过程是可以根据运动员的实际情况划分成不同的训练阶段，每个训练阶段共同构成大的训练周期。

（2）保证良好的训练周期是非常重要的。运动员要注意训练周、训练课等的不同划分，同时，还要将课与课、周与周、周期与周期，以及各训练阶段之间有机连接起来，科学安排相应的训练内容、重点、方法和运动负荷，保证运动训练的科学性和有效性。

（六）注重对抗性原则

足球比赛异常激烈，在比赛中充满了激烈的身体对抗，没有一个良好的身体条件是难以取得对抗胜利的。因此注重对抗性是足球训练的一个重要原则。在足球比赛中，场上双方进攻和防守两端的对抗是贯穿全场的。不仅如此，足球比赛过程中还有个人一对一的对抗，团队整体的对抗。在对抗层面上，有技战术层面的对抗、心理层面的对抗、智力层面的对抗以及意志品质层面的对抗，以上这些对抗最终构成了足球运动的核心，也正因如此才吸引了大量的人员参与。

在平时的训练中,运动员应将对抗性原则充分贯彻其中,要认真研究与思考对抗中的矛盾问题。以进攻和防守这对足球运动中的最主要矛盾来说,进攻与防守是彼此制约的,二者存在于一个统一体里,有着辩证统一的关系。这要求制订训练计划时就要恰当处理进攻和防守的关系,特别是在技战术内容的教学中不要将进攻和防守完全分割开来学习。在设计训练方案时就要注重进攻与防守的内容成对出现,如在指导脚内侧射门时,就可以安排一些干扰和封堵练习;在指导区域防守战术之后,就可安排局部进攻配合战术。如此一来,即可实现用防守制约进攻,用进攻提高防守,两者互相克制,达到事半功倍的训练效果。除此之外,运动员还要有意识地提高攻守对抗的强度,在模拟实战的情境下训练,以提高足球运动训练的效果,这样足球后备人才的竞技水平才能得到有效的提升。

(七)周期性训练原则

周期性也是足球运动的一个非常重要的原则。足球训练是一个长期的具有周期性的过程,贯彻周期性训练原则对于提高足球训练的质量和效果具有重要的意义。教练员在平时的足球训练中要非常重视这一周期性训练原则。

运动员贯彻周期性原则应注意以下几点要求。

(1)划分训练周期时,要采取各种手段与措施加强基础性训练,制订合理的训练计划。竞赛期的训练安排要结合比赛实际而定。休整期也要坚持训练,但训练的负荷量要小。

(2)加强身体素质与技术的结合训练,在参加比赛前做好充分的心理准备,以良好的心态迎接比赛的到来,这样有利于运动员发挥出自身正常的竞技水平。

(3)在进行长期的运动训练后,运动员要做好充分的总结经验,抓住主要问题所在,分析和解决问题,科学、合理地安排下一周期的训练,从而促进运动员训练水平的进一步发展和提高。

(八)区别对待原则

由于每一名运动员都是不同的,在身体、性别、年龄、运动基础等方面都存在着较大的差异,因此,就需要对运动员进行针对性的训练。在具体的运动训练中,训练任务的确定,训练方法、手段的选择以及运动负荷的安排等也都要有针对性,要对所有的运动员进行区别对待教学,依据每一名运动员的具体实际安排教学与训练。

由于运动员之间存在着明显的个体差异,因此即便采用同样的训练方法,运动员的适应程度也是不一样的,取得的训练效果也不同。有的运动员适合该训练方法,那么取得的训练效果就会较为理想;而不适应该训练方法的运动员,不仅不会取得理想的训练效果,还可能产生其他消极影响。因此,这就要求以运动员的年龄、性别、健康状况、运动水平等合理地确定训练手段和运动负荷。

足球运动训练的整个过程呈现出不断发展变化的趋势。对于不同的运动员来说,他们的训练效果所表现出的时间也是有所差别的,有的运动员在训练初期就会有突飞猛进的进展;有的运动员在训练初期进展不大,但是到了某一阶段,发展速度就较快;有的运动员在这一运动素质上的训练效果理想,在其他运动素质上的训练效果就差强人意;而有些运动员则在其他运动素质上有特殊的发挥;也有些运动员适应的运动负荷比较大,而有的运动员则不能适应;等等。因此,这就要求在训练中要做到区别对待,促进每一名运动员的全面发展。

贯彻区别对待原则,运动员在训练过程中应注意以下几点。

(1)教练员要细致地了解与掌握运动员的实际情况,对其总体情况进行深入研究与分析,然后采取相应的训练措施与手段。

(2)要根据运动员的实际情况事先制订合理的训练计划。这就需要教练员对全训练队的特点和运动员个人的特点都有充分的了解,在满足全队要求和个人要求的同时进行相应的运动训练。

(九)趣味性训练原则

足球训练过程一般都比较漫长,在漫长的训练过程中,运动员难免会出现一些消极情绪,久而久之就失去了参加运动训练的热情。因此,在安排训练活动时还要贯彻趣味性训练的基本原则。针对活泼好动的运动员,可以采用多样化的训练形式,利用各种游戏方式来组织训练活动。如此可以更好地激发学生学习的兴趣和热情,保证训练的质量。由此可见,趣味性也是足球训练的一个非常重要的原则。

第二章　足球后备人才科学训练与管理理论

（十）训练与比赛相结合原则

为了保证足球训练活动的顺利开展,通常会将体育运动训练周期根据训练任务的不同分为不同的训练阶段,同时,这也要充分考虑比赛次数和层次等方面的要求,确保赛和练的安排得当。

一般来说,足球训练与比赛是相辅相成、密切相关的关系。根据不同运动员的运动水平的差异性,对于初学者和技术水平不高的队,所安排的比赛次数不能太多,而对于较高水平的运动队,比赛可以适当多安排一些,通过参加各种形式和规模的比赛来发现问题和解决问题。由此可见,训练与比赛结合是足球训练的一个十分重要的原则。

（十一）集体与个人训练相结合原则

足球是一项集体性项目,在比赛中离不开每一名队员的配合。在具体的训练中,足球训练主要分为全队训练、小集体训练和个人训练等几种形式。全队训练主要由教练员统一指导,以全队技战术、教学比赛为主要内容的训练形式。全队训练的目的在于提升球队整体技战术的运用能力以及全方位的对抗能力。小集体训练主要是以几个人为一个小组进行教学和训练的形式,训练的主要目的在于提高运动员局部范围内的配合能力。个人训练则是球员针对个人技术的提升进行的、独自进行或有人辅助的练习,主要目的是提高运动员的个人技战术水平及特长技术。无论是个人训练还是集体训练都是足球训练的重要组成部分,因此为进一步促进运动员竞技水平的提高,必须要将运动员的集体训练和个人训练结合起来进行。

在具体的足球训练中,要将全队训练与个人训练结合起来进行,如此才能有效提升整个团队的竞技实力,从而取得理想的训练和比赛效果。除此之外,通过全队训练,也可以发现个人技战术中存在的不足,从而针对这些不足重点解决,促进全队与个人能力的共同发展。因此在具体的足球训练中,要始终贯彻后备人才的集体与个人训练的基本原则。

二、足球后备人才科学训练的方法

可供足球后备人才训练的手段与方法有很多,伴随着近些年来足球运动训练水平的高度发展,足球训练的方法也越来越多样化。目前,常见的足球后备人才的训练方法主要有以下几种。

（一）重复训练法

重复训练法，就是指反复进行某一训练内容的练习，通过持续不断地练习而掌握巩固与提高运动技术的训练方法。在当今足球训练中，这一方法得到了广泛的利用。

1. 基本类型

（1）依据训练时间，可将其分为短时间重复训练方法（不足30秒）、中时间重复训练方法（0.5—2分钟）、长时间重复训练方法（2—5分钟）三种。运动员采用这一训练方法进行训练时要结合自身的具体实际进行。

（2）根据间歇时间的长短，可以将重复训练法分为连续重复训练法和间歇训练法两种。这两种训练方法都得到了广泛的推广与利用。

2. 基本要求

（1）教练员在训练中要时刻观察运动员的学习情绪和态度，要采取各种手段与措施充分激发运动员训练的热情。

（2）出现错误技战术的动作时，应及时给予纠正。

（3）要合理地控制与调整运动负荷。

（4）结合实际科学确定运动训练的数量、负荷、次数。

（二）持续训练法

持续训练法，指需要一定的运动负荷强度，负荷时间较长，无间断地连续进行练习的训练方法。

1. 基本类型

（1）根据训练时间的长短可以将持续训练法分为短时间持续训练法、中时间持续训练法和长时间持续训练法三种。在足球训练中，大多数情况下主要采用中长时间结合训练法的方式。

（2）根据足球训练的节奏，可以将持续训练法分为变速持续训练法、匀速持续训练法两种。

2. 基本要求

（1）运用持续训练法时，首先要制订一个科学、合理的训练计划，科学安排间歇,确保训练的持续性。

(2)注重运动员对具体的技术动作的稳定性的提高,在此基础上坚持长期的训练。

(三)循环训练法

循环训练法,是指对训练内容进行训练任务的划分,依次完成各个训练任务,各训练任务不断循环重复完成的训练方法。这一训练方法在足球训练中也得到了广泛的利用。

1. 基本类型

(1)根据运动负荷的基本特征,循环训练法主要有循环重复训练法、循环间歇训练法和循环持续训练法三种类型。

(2)根据训练的组织形式,循环训练法主要有流水式循环训练法、轮换式循环训练法、分配式循环训练法三种类型。

2. 基本要求

(1)运动员在足球训练的过程中,要根据阶段训练任务的变更及时调整或变换训练方法,以适应运动员身体及技术发展的需要。

(2)一般情况下,循环训练任务应随着训练过程的进行逐渐增多,但循环的过程也不宜过多,应保持在一个合理的范围内。

(四)完整训练法

完整训练法是指训练从头至尾进行完整的训练,有助于运动训练者流畅地掌握运动训练内容与方式方法。

完整训练法也常用于运动员的足球训练中,运用这一训练法时需要注意以下几点。

(1)对于复杂技术动作的学习与训练,运动员要首先打下良好的技能基础,如此才能起到事半功倍的效果。

(2)运动员在训练中出现错误的技术动作时,教练员要及时给予纠正。

(五)分解训练法

分解训练法是与完整训练相对的一种训练方法,这一训练方法是指将运动训练内容分阶段、分步骤完成的运动训练。一般情况下,分解训练可细分为单纯分解训练法、递进分解训练法、顺进分解训练法、逆进分解训练法等。

在足球训练中,应用分解训练法时应注意以下几点。

(1)对技术动作进行分解时,注意不要切断各项技术动作之间的必然联系。

(2)运动员在熟悉各个技术环节后再进行完整技术的训练,这样才能促进训练水平的提升。

(六)间歇训练法

间歇训练是通过对训练时间的严格规定,将训练内容与训练时间有机结合与搭配实施的练习。一般来说,间歇训练法主要有练习数量、负荷强度、重复次数(组)、间歇时间和休息方式等几种方式。

在足球训练中,应用间歇训练法时应注意以下几点。

(1)根据超量负荷的原理合理地安排整个训练过程。

(2)间歇时间一定要合理,依据运动员的实际合理的安排。

(3)在训练中依据运动员训练水平合理地调整运动负荷。

(4)切忌在机体尚未完全恢复时参与下一次的训练。

(七)变换训练法

变换训练法是通过变换不同的训练要素来提高运动训练者的积极性与主动性的训练方法。变换训练内容、变换训练方式、变换训练负荷等都是其中重要的内容。

在足球训练中,应用变换训练法应注意以下几点。

(1)通过训练中的各种条件"变换",使运动员对训练产生新鲜感,激发训练的兴趣。

(2)运动员在训练的过程中要及时不断地变换训练要素,维持良好的竞技水平。

(八)竞赛训练法

竞赛训练法,就是运动员在正式比赛的条件和要求下进行体育运动训练所用到的一种训练方法。一般来说,竞赛训练法不仅能有效检验平时的训练效果,也能使运动员创造性地运用知识、技术和战术的能力以及提升身体素质，同时还能很好地提升运动员的应变能力和实战能力。

运用竞赛训练法进行训练，运动员之间还能相互交流经验，提升自身的技战术水平。竞赛训练法在提升运动员心理承受能力、培养坚强意志品质方面也发挥着非常重要的作用。

为保证竞赛训练法应用的科学性，应重点注意以下几个方面的要求。

（1）要采用适宜的运动负荷。采用竞赛训练法进足球训练，能在一定程度上激发运动员的训练兴趣，提高训练的质量。因此，在采用竞赛训练法进行足球训练时，就要求以专项训练的需要为主要依据，来针对性地选择适合运动员特点的竞赛内容和形式，同时还要注意安排适宜的运动负荷。

（2）运用时机要合理。在训练的过程中，教练员要积极地引导运动员进行训练，要在训练中不断提高运动员的自我控制能力，培养其优良的体育作风。需要注意的是，竞赛训练法不是任何时候都适用的，比如，在运动技能尚未形成之前和疲劳时就不能采用竞赛训练法，这样会对运动员的现有技术造成不良影响。因此一定要把握好运用的时机，科学地训练。

（九）游戏训练法

游戏训练法，就是运动员主要以游戏的形式来进行体育运动训练的一种训练方法。一般来说，游戏性训练能有效提高运动员训练的兴奋性，激发运动员训练的兴趣，同时，能够营造出轻松、愉悦的训练氛围，这些对于运动员训练的开展以及理想训练效果的取得都是非常有帮助的。最后需要强调的一点是，游戏训练法在确定运动量时，切忌盲目性，一定要以运动员的自身特点和实际情况来确定。

（十）综合训练法

综合训练法，指的就是以既定的训练目的、训练任务为主要依据，综合运用上述几种训练方法，从而更灵活地调节运动负荷，取得更好训练效果所用到的训练方法。

运用综合训练法进行训练时，一定要以运动员的实际情况和特点为依据，结合明确的训练任务来组合运用相应的训练方法。通过各种不同训练方法的组合,能满足不同水平运动员的竞技需要,促进运动员竞技水平的有效提升。

第三节 足球后备人才管理的相关理论阐述

在足球运动训练中,加强足球后备人才的管理非常重要。足球后备人才的管理要遵循一定的理论,依据一定的管理原理展开具体的管理活动。足球后备人才管理的相关原理及理论有很多,下面就重点阐述其中重要的理论或原理。

一、足球后备人才管理的重要理论指导——体育人才学理论

（一）体育人才的概念与分类

1. 体育人才的概念

人才,是指具有一定的专业知识或专门技能,进行创造性劳动并对社会作出贡献的人。由此推之,体育人才是指具有一定体育学识水平和技能,并能在体育领域里作出创造性贡献的人。

2. 体育人才的分类

一般来说,体育人才主要包括体育竞技人才、体育教育人才、体育科技人才、体育产业人才、体育媒体人才、体育管理人才等六种类型。在这六种体育人才类型中,居于核心地位的是体育竞技人才和体育教育人才,这两类体育人才是其他四类体育人才存在的前提,因此受到极大的重视。

（1）体育竞技人才

体育竞技人才主要是指竞技体育运动员,他们是推动国家体育事业发展的重要力量,为体育事业的发展注入源源不断的活力。运动员代表的是一个国家的竞技体育实力,他们在国际比赛中的高水平发挥

能够为国家争得金牌与荣誉,能够提高国家在世界上的体育形象、体育地位和体育影响力。

（2）体育教育人才

体育教育人才的主要任务是进行体育科研,取得具有影响力的科研成果；开展体育教育,培养体育人才。体育教育人才有体育教师、社会体育指导员等。体育教育人才在科研中与体育科技人才联系密切,而在人才培养中与体育管理人才有密切的关系。

（3）体育科技人才

社会主义现代化建设离不开科技的参与,科技在体育事业发展中也发挥着举足轻重的作用,可见体育科技人才对体育的发展也很重要。在体育人才培养中,对这类人才的培养不可忽视,要将这类人才的积极性充分调动起来,使其在体育事业发展中的作用得以充分发挥。

（4）体育产业人才

市场化发展是我国体育事业发展的一个重要趋势,随着市场机制的不断健全,体育相关产业日渐兴盛起来,这就对体育经纪人之类的体育产业人才有了大量的需求。

（5）体育媒体人才

体育的发展离不开媒体的宣传报道,体育媒体人才的重要性不可忽视。体育知识丰富、表达能力良好的优秀体育媒体解说员能够使一场比赛更有看点,具有感染力的解说能够吸引更多的人观看比赛。体育媒体人才对体育媒体产业的发展具有重要推动作用。

（6）体育管理人才

科学的管理是体育事业发展的重要支柱与保障。管理能力强的体育管理人才充分发挥自己的管理才能,能够推动体育事业的健康持续发展。

上述六类体育人才对推动我国体育事业的发展都具有重要作用,这些人才之间联系密切,互为补充。六类体育人才及其相互关系构成了统一的体育人才体系。

（二）体育人才的知识结构

社会上存在着不同类型的体育人才,需要注意的是,不管是什么类型的体育人才,都必须具备良好的知识素养,知识结构达到一定的要求,适应自己所在领域的发展的需要,为自己所在领域的发展贡献自己的力量。下面重点分析六类体育人才各自的知识结构。

1. 体育竞技人才的知识结构

很长一段时间以来,我国为了培养优秀的竞技体育后备人才,对青少年运动员的潜能进行深入挖掘,以满足竞争激烈的竞技体育对运动员运动技能的高要求。但是由于青少年将大部分时间与精力花费在训练场上,文化学习时间得不到保障,所以基础知识掌握得少,不成体系,文化素质水平不高。

据调查发现,社会上一些不良风气如拜金主义、享乐主义、过度娱乐、过分追求物质享受等影响了一些运动员的思想,侵蚀了他们的精神世界,使他们害怕吃苦,不愿辛苦训练,不服从教练员管理,只想走捷径,追求物质享受,在训练中散漫无节制,没有团体意识,而且公德心差,法律意识薄弱,没有奉献精神等。这些都损害了我国运动员队伍的形象,损害了中国体育的对外形象,影响了运动员退役后的再就业,也影响了竞技体育的发展。

在长期的举国体制下,我国运动员长期接受专门的训练,训练方面受到严格管理。在这种训练模式下,运动员处于尖锐的学训矛盾中,这就是青少年运动员虽然受教育程度和学历水平看似和同龄人一样,但是真正的文化程度和知识能力却不及同龄人。运动员除了运动技能突出外,其他知识结构严重失衡,理论知识素养差,也缺乏社会适应能力和实践能力,缺乏计算机等学科技能和外语能力,最终导致运动员知识面狭窄,学习能力差,这直接影响他们退役后的再就业和社会生活。

在当今社会背景下,社会各行各业都存在着非常激烈的竞争,文化素质偏低的运动员在现代社会中的生存、适应及发展问题令人担忧。有些运动员将来会成为教练员、体育教育工作者或在其他体育领域从事工作,如果他们文化素质低,则不利于培养运动员和学生,在岗位上也很难充分发挥作用。文化程度低的运动员退役后会面临难以就业的问题。面对社会人才市场的激烈竞争,退役运动员一时难以适应,一些综合素质偏低的运动员难以凭自己的能力顺利就业。再就业是每个运动员都要面对的,只是时间早晚的问题,因此为了退役后能找到适合自己的岗位,运动员必须努力提升自己的文化素质。运动队和学校也要重视培养运动员的文化素质,提高其综合素质,这样才能促进运动员的全面发展,在运动员退役之后也能谋求一个很好的出路。

2. 体育教育人才的知识结构

体育教师的知识结构主要包括以下几个方面。

（1）体育基础文化知识

体育基础文化知识包括：体育常识、体育基本理论、体育与健康知识、体育运动技能与方法、体育运动与安全等多方面的内容，体育教师一定要掌握。

（2）教育科学知识

体育教师的教育科学知识是否丰富直接影响其教学艺术水平和教学质量。体育教师应自觉学习教育科学知识，拓宽这方面的知识面。向未来社会的接班人传递人类社会的优秀文化遗产，使接班人继承文化遗产，并创造出更多令人瞩目的成就，这是对教师职业性质的定位。因此，体育教师要对学生的身心发展特征、教育教学规律以及教学技能和教学艺术进行准确的把握与熟练的掌握，从而将学生的主体性调动起来，提高体育教学质量。

（3）专业知识

体育教师要完成好体育教学工作，必须具备扎实的专业知识，这是最基本的条件之一，也是必须具备的一个教学条件。和体育课程有关的专门知识都是体育教师应该掌握的专业知识。

3. 体育科技人才、体育媒体人才和体育产业人才的知识结构

体育科技人才、体育媒体人才和体育产业人才的知识结构没有太大的差别，在专项技能上没有硬性要求。但是对他们的一般学科知识和专业技术知识要求高，不管是知识广度上，还是知识深度上，都有很高的要求，而且这方面的要求明显比对竞技人才这方面的要求高。他们除了掌握必要的一般学科知识和专业基础知识外，还要进一步掌握更高层次的专业知识。下面分别说明这三类体育人才各自要掌握哪些专业知识。

（1）体育科技人才的专业知识

体育科技人员的知识结构非常重要，科技人才如果缺乏必要的专业知识素养，就无法对自己所在领域的科技问题进行解决，那么其作为科技工作者就是不合格的，不符合这个角色的定位与要求。所以，掌握专业知识对科技人才来说十分必要。体育科技人才应掌握专业的体育

学科知识,了解体育科研的新动态,掌握新的相关科技成果并运用于解决体育领域的科技问题。体育科技人才对于国内外体育科技的相关情况、知识、资料、信息、形势等都要保持高度的敏感性,不断更新知识与信息,不断充实与完善自己的知识结构,提高自己处理问题的能力。

(2)体育媒体人才的专业知识

体育媒体人才的专业知识不同于其他专家的专业知识。专家一般都有扎实的专业知识基础和雄厚的专业学习能力,并能运用所学专业知识研究某些问题,而体育媒体人才之所以要补充必要的专业知识,主要是为了可以更好地理解专家说的话,并能以大众化的语言来准确表达专家传达的理念和道理。简单来说,体育媒体人才学习专业知识是为了方便采访与报道,方便完成本职工作。

(3)体育产业人才的专业知识

体育产业的特殊性对体育产业人才的知识素养提出了较高的要求。体育产业人才要掌握的专业知识涉及体育专业、市场营销、网络科技、企业管理、广告传媒、市场消费等多个方面。广博的知识能够为体育产业人才顺利进行社会交往、提高体育产品营销效率、推动体育企业经营管理带来极大的方便。

4. 体育管理人才的知识结构

拥有全面扎实的管理知识是管理者完成领导任务、履行管理职责的首要前提。缺乏管理知识的管理者是不可能将自己的团队管理好的。新时代对管理人才知识结构的要求体现在"专"和"博"两个方面,前者代表专业,就是知识要精,后者代表广博,也就是知识面广。管理人才经常要利用自己广博的学科知识和精深的专业知识去考察研究和解决问题。

首先,管理学知识是体育管理人才知识结构中的核心,是体育管理人才最先需要掌握的知识;其次,管理学外围的体育学、社会学、心理学等学科知识是体育管理人才在掌握管理学知识之后所要掌握的知识;最后,体育管理人才要掌握历史、地理、文学等知识。这几类知识构成了体育管理人才的知识结构,其中管理学知识最为重要,中间层其次,最外层作为拓展与补充知识也很重要。

综上分析,六类体育人才的知识结构不尽相同,各有特点,但都必须在自己的知识领域达到结构的最优化,即各自的知识系统要有层次结构,各部分知识要保持相互协调的状态。不管是哪类体育人才,都应该最先掌握专业知识,然后对相关学科知识进行学习,补充自己的知识库,增加知识储备量,完善自己的知识系统。优化知识结构有助于培养"一专多能"的体育人才,这是现代社会发展的需要。体育人才掌握精深的专业知识和广博的相关学科知识之间并不矛盾,也不冲突,反而学习专业知识和学习基础学科知识是可以相互促进的。真正会学习的体育人才一般都是通才型和综合型人物,他们可以做到以博促专,以专取博,专与博结合。

(三)体育人才的作用

1. 增强人民体质

对全国人民的体质健康状况进行改善,促进全民健康水平的提高,这是我国在新时代全面推进体育事业发展的宗旨。为了达到这个目的,我国各类体育人才全面开展相关体育工作,如广泛宣传运动与健康常识,加强体育教育,重视大众体育管理,提高大众的体育锻炼意识,带动大众参与体育锻炼的自觉积极性,使其对基本的身体锻炼原理与方法有所掌握,切实改善体质,促进健康。

2. 促进社会主义精神文明建设

体育爱好者喜欢利用闲暇时间观看体育赛事,这是他们日常生活中的一项娱乐活动。观看体育赛事使得人们的社会生活更加丰富多彩,也使观赛者的情操得到陶冶,心灵得到净化,精神世界得到真善美的沐浴,使人全身心都获得满足。运动员在国际运动场上奋力拼搏,最后的成绩一定程度上代表了其所在国家的体育实力甚至是民族实力,大型世界体育赛事总是能使亿万观众的心悬在半空,直到有了结果的那一刻,观众心中的一块石头才能落地,而比赛结果又使观众或悲或喜,影响着他们的情绪。运动员在赛场上表现出来的团结、拼搏、集体主义以及爱国主义精神能够激励与鼓舞观众,促进民族振兴和社会主义精神文明建设。

3. 建设体育强国

我国体育事业之所以能取得今天的成就,成为名副其实的体育大国,都是各类体育人才全力付出的结果。没有众多优秀体育人才的努力和奉献,我国体育事业不可能有今天的成绩。

一个国家体育实力的强弱可从其在国际体育大赛中取得的成绩中体现出来,甚至一个民族的综合实力和科技水平也反映在体育成绩中。我国从改革开放以来涌现了大量的体育人才,在众多体育人才的努力下我国体育事业取得了很大的成就,如成功举办了奥运会,在接连几届奥运会中都取得了不俗的成绩等,可见体育人才对促进一个国家体育综合实力的增强是何等重要。

一个国家体育事业的发展高度一定程度上是由该国体育人才的数量与层次水平所决定的,体育人才是我国建设体育强国的重要力量。在我国从体育大国迈向体育强国的现在及未来,需要大量优秀体育人才在各自领域努力拼搏,否则不可能达到世界体育强国水平。只有体育管理人才践行国家体育方针政策,发挥管理与领导才能,体育科技人才振兴体育科技事业,体育教育人才搞好体育教育工作,体育教练人才培养好运动员,体育竞技人才不断提高自己的成绩,等等,各类人才共同努力,协同配合,才能将我国建设成为世界一流水平的体育强国。

4. 促进外交

体育人才对促进国家外交也有重要影响。著名的乒乓球外交就充分体现了体育运动员在国家外交中发挥的重要作用。在大型综合性国际体育赛事上,各国各民族运动员欢聚一堂,在竞争对抗中切磋与交流运动技能,这推动了世界人民的团结,促进了海外友谊的建立与巩固。体育外交为我国经济外交、政治外交、文化外交提供了良好的平台,有助于提高我国的国际影响力,为我国综合实力的增强打造良好的国际环境。

二、足球后备人才管理的重要理论指导——人才管理理论

(一)足球后备人才管理的原理

1. 人本原理

人本原理是指在运动训练的管理过程中要以人为根本,要满足运动员的各种训练需求。人本原理就是对一切管理活动均应以调动人的

第二章　足球后备人才科学训练与管理理论

积极性、做好人的工作为根本规律的概括。在足球后备人才的管理中，也要坚持与遵循人本原理，以足球后备人才的发展为重点，为其创造良好的训练环境和条件，促进其全面素质的发展与提高。

足球后备人才的管理，其主要目的在于满足运动员的各种训练需求，促进其竞技能力的提升及全面素质的发展。在后备人才管理的过程中，人是最为主要的因素，一切管理手段与方法的采用都是通过人来执行的。

人本原理就是要体现以人为本的基本思想，促进人的全面素质的发展和提高。在足球后备人才的管理中，应始终坚持人本原理为指导，从而为足球训练活动的顺利进行提供良好的保障。

2. 责任原理

责任原理是指为了实现组织目标、挖掘人的潜能，应在合理分工的基础上明确规定各个部门及个人必须完成的工作任务和必须承担的与此相适应的责任。

在足球后备人才的管理与发展中，应充分挖掘运动员的潜能，提高训练管理的效率，明确整个管理部门中每个人的责任，任何人都要对整个运动训练过程负责。目前，这一原理在足球后备人才管理中得到了充分的利用。

在足球后备人才的管理中，运用责任原理需要注意以下几个方面的要求。

（1）建立完善的责任制

为加强足球后备人才的管理，还需要建立一个完善的责任机制，有效地运用责任原理去管理足球后备人才。具体而言，就是要在平时的管理中建立相应的岗位责任制、考绩制、奖惩制等制度，形成一个完善的管理制度体系，在这一制度体系下，责任原理才能够得到有效的应用，足球后备人才的发展才有良好的保障。

（2）明确各部门和个人的具体职责

分工是责任原理中一个非常重要的方面，因为只有分工明确了，职责划分才能明确。足球后备人才的训练是一项十分复杂的工作，没有一个明确的分工是不行的。如果分工不明，一切工作都可能会发生混乱，不利于后备人才日常训练活动的顺利进行。但需要注意的是，分工不等于职责。分工只是一项任务划分，除了分工之外，还要明确每一名运动员的具体职责,如此才能更好地参加运动训练。

（3）合理进行职位设计和权限委授

明确了足球后备人才的基本职责外,还要授予其相应的权力,这样后备人才的职责才能得以完成。足球后备人才要对工作完全负责,仅合理委授权限是不够的,还要让其承担一定的风险,这样才能督促其不断发展和进步,有利于训练活动的顺利开展。

（4）奖罚要分明、公正、及时

在足球后备人才的管理中还可以引入一定的奖惩机制,即奖优惩劣,做到公开、公正、公平,这样才能激发后备人才训练的积极性,取得理想的训练效果。

3. 效益原理

效益原理是指在运动训练管理中,管理活动的各个环节、各项工作都要紧紧围绕提高社会效益和经济效益这个中心进行,在合理利用各种资源的条件下,以尽可能地创造最大的社会效益与经济效益。

社会效益与经济效益可以说是非常重要的两个方面,足球后备人才的管理一定要遵循效益原理,将效益原理贯穿于管理的全过程。在足球后备人才的训练管理中,要想实现管理效益的最大化,尤其要注意以下几个方面。

（1）整个训练管理活动要以提高效益为核心,包括经济效益和社会效益。

（2）整个训练管理活动应为实现经济效益努力创造必要的条件。

（3）训练管理思想能对管理效益产生非常重要的影响。

（4）局部效益要与全局效益相结合。

（5）管理者的眼光要放长远,不能只盯着眼前利益而忽略了长期效益。

4. 动态原理

动态原理是指在管理过程中,对管理对象的变化情况要正确及时地把握,对各个环节要不断进行调节,以高度概括整体目标实现的规律。在足球后备人才的管理活动中,管理对象主要有人、财、物、时间、信息等。由于受各种因素的影响,这些方面都是不断发展和变化的,因此足球后备人才的管理要遵循动态原理,这样才有利于实现管理目标。

在运用动态原理管理足球后备人才时需要注意以下两个方面。

（1）运用反馈有效抑制管理过程

反馈指的是系统输送信息，然后再将信息输出的一个过程。反馈在整个管理活动中扮演着十分重要的角色。通过信息的反馈，可以有效控制未来行为，有利于管理目标的实现。

（2）在管理过程中保持弹性

足球后备人才管理的环境可以说是复杂多变的，存在着各种不确定因素，因此在训练管理过程中一定要留足空间，保留相应的弹性，这样才有调整的余地，有利于实现管理的目标。

5. 竞争原理

竞争是竞技体育的基本属性。竞争普遍存在于运动训练管理之中，在管理活动的各个环节中都充满了竞争。可以说，竞争是促进体育运动不断向前发展的重要动力，同时竞争也能有效地挖掘人的潜能，促进人的不断发展。因此，在足球后备人才的管理中要善于运用竞争原理实现管理的目标。管理者在运用竞争原理时需要注意以下几个方面。

（1）竞争条件要保持一致

在足球后备人才的训练管理中运用竞争原理，首先要保证竞争的条件相同或相近，同一级别运动员的竞争标准必须一致，这是公平公正性的体现。

（2）公平公正地进行评价

在评定足球后备人才的训练效率和训练成绩时，要采用公平公正的评价制度，要结合定量与定性的方法来设计评价标准，以获得理想的评价效果。

（3）以增进交流、互相提高作为竞争目的

增进友谊，促进团结与合作，培养团队精神是竞技体育运动的重要目的之一。在竞争中也存在着交流与合作，这一点也要引起高度重视。

6. 系统原理

在足球后备人才的管理中，系统内的要素非常之多，各个要素之间都发生着密切的联系，它们按一定的结构动态地组合在一起。为了实现训练管理的优化目标，必须运用系统理论进行细致的研究与分析。

根据系统理论，系统的整体效应观点认为：系统的整体功能之和可以大于各要素在孤立状态之和。这是因为系统的诸要素经过合理的排列组合后,构成新的有机整体,具有其要素在孤立状态中所没有的性质,产生了放大的功能,即产生了"1+1>2"的效果。根据对系统原理的认识和理解,可以引申出符合该原理思想的管理原则,即整分合原则、优化组合原则和相对封闭原则。

(1)整分合原则

在足球后备人才的管理中,管理者要想提高管理的效益,就必须要了解整个系统工作流程。在此基础上,再将整体分解为一个个基本要素,进行明确分工,使每项工作规范化,建立责任制,然后进行科学的组织综合。这就是整分合的原则。

(2)优化组合原则

优化组合指的是既要搞好分工,又要搞好协作,从而实现理想的管理效益。因此,分工不能随心所欲,分级也不能没有标准,各级更不能任意组合。要想有效实现系统的目标,提高其整体效应,必须使系统的组合达到优化。

(3)相对封闭原则

任何一个系统内的管理手段必须形成一个由连续的相对封闭的回路构成的完整的管理系统,进而形成有效的管理运动,这就是相对封闭原则。在足球后备人才训练中也要遵循这一原则。

(二)足球后备人才管理的方法

足球后备人才的管理十分重要,它涉及众多领域和多种因素。为了突出对运动员的管理效果,这里仅就经常运用于运动员管理的方法进行分析和阐述。

1. 目标激励法

作为一名合格的专业运动员,要有一定的目标和追求。运动员把自己的青春奉献给体育运动事业,就自然希望在自己所从事的项目领域大显身手,盼望着自己的冠军梦,渴望着通过心血付出验证自己的人生价值。正因如此,我们运用目标激励法就能有效激发运动员的训练积极性。

运用目标激励法要注意目标选择的可实现性。确定目标不能好高骛远,只有那些经过奋力拼搏而可实现的目标才能产生激励作用。为此,在运用目标激励法时可采用阶段目标确立法和总目标分解法。

2. 责任激励法

相关研究表明,只有参与才能获得一定的责任感。因此教练员要让运动员参与训练工作计划的制订,使运动员认识到这一训练计划的安排是自己参与制订的,形成目标实现的责任感。比如运动员经常召开的赛前准备会,经过全体队员集思广益而有针对性地制定出的技战术方案,就容易被队员接受,并完成自己的主动行为。

3. 奖惩激励法

一般情况下,每个人都希望从别人那里得到赞扬,而不是批评。为了达到这种目的,表扬或批评就会对运动员产生吸引力或压力,从而产生训练动力。然而,在表扬时要注意物质奖励与精神奖励的统一,在批评时又要讲究方式方法,防止挫伤运动员的训练积极性。

4. 思想教育法

思想政治工作是我们克服困难、解决问题的有效武器。通过深入细致的思想工作,可以帮助运动员树立正确的人生观和价值观;可以化解矛盾,消除误解,使大家的思想行动统一起来;可以变消极为积极,变被动为主动,使大家的积极性被充分地调动起来。在足球后备人才的管理中,也可以运用这一管理方法,通常能取得不错的效果。

第三章 足球后备人才技术能力训练

　　足球的基本技术是足球的灵魂,也是足球后备人才必须熟练掌握的基本功。对于现代足球而言,足球技术、战术、身体素质、心理素质和足球意识的整体能力决定了足球运动的水平和魅力。其中,足球技术是这些要素的核心,可以说没有足球技术就没有足球运动的一切。本章主要对足球个人技术进行详细阐述,并对技术训练的实操做了进一步的分解与论述。

第一节 足球后备人才技术理论素养提升

　　青少年作为足球后备人才,肩负着发展与传承足球运动的使命。所有足球发展水平较高的国家都普遍认为,足球后备人才的培养应该着眼于运动员个人能力的全面发展。强调人才培养,强调对运动员进行长期系统的训练,不能急于求成或者揠苗助长。与此同时要对运动员进行人文教育,既要重视运动员的专业水平,又要将道德素养与技术训练相结合,对运动员进行系统全面的培养和选拔。

　　现代足球讲求全攻全守,所以作为足球后备运动员需要具备全面的足球技术素养,既能坚守所在位置的职责,又能随着战术的不断调整而胜任不同位置的技术要求,真正成为进可攻退可守的全能球员。同时,作为优秀的足球运动员还应该有意识地发展和培养自己的个人技术特长。比如很多世界著名的足球运动员,他们都有着自己鲜明的技术风格和个人特色,并以此为世人所乐道。

一、足球技术的概念

足球技术,是指由特定动作结构所组成、并贯穿整个足球活动中的一种基本运动形式,包括技术动作和技术能力。技术动作是指运动员完成某一技术时具体采用的方式方法。技术能力是指运动员运用动技术的准确性、合理性以及所掌握的娴熟程度。

二、足球技术的分类

足球技术可分为无球技术和有球技术。

(一)无球技术

无球技术包括启动、跑动、急停、转身、跳跃、步法等六部分。

1. 启动

启动分为站立和非站立的姿势,是一个动作的最初期的姿态。

2. 跑动

足球运动员在场上大部分时间都处于跑动中,分为侧身跑、变向跑、变速跑和倒退跑。

3. 急停

运动员随着攻防的进程和比赛节奏的变换,随着各种跑动也需要各种急停切换动作与技术。急停包括跨步急停和跳步急停。

4. 转身

转身包括前转身和后转身。

5. 跳跃

跳跃分为单脚跳和双脚跳。根据不同情况配合不同的技术动作的需要。

6. 步法

步法分为跨步、滑步或者移步、撤步、交叉步。

（二）有球技术

有球技术是指运动员在进攻或者防守的过程中对足球的各种控制能力，分为一元单项技术、二元组合技术、三元组合技术和四元组合技术。

一元单项技术包括接球、运球、传球、过人、射门、抢断球技术。

二元组合技术就是将以上技术分别组合，如接球运球技术、接球传球技术、接球射门技术、抢球射门技术、抢球运球技术、断球过人技术等。

三元组合技术将三个一元技术的组合运用，如接球运球过人技术、接球运球传球技术、抢球运球过人技术、抢球运球射门技术、断球运球传球技术等。

四元组合技术就是将四个一元技术组合应用，如接球运球过人传球技术、接球运球过人射门技术、抢球过人运球传球技术、断球运球过人射门技术等。

第二节 足球后备人才技术能力训练内容

现代足球比赛，要求运动员在快速奔跑中完成接、控、传、射、铲等一系列的技术动作。有统计数据表面，在一场90分钟的比赛中，双方争抢次数达300次以上，平均每10秒就发生一次对抗接触，如此频繁、凶悍的交锋无疑对运动员提出了巨大的挑战。

对于足球后备人才，技术训练是训练的核心要素。通过长期系统地训练，目的是让青少年循序渐进地掌握全面的足球技术，并且力求发展出自己的技术特长。

以下将从颠球、运球、射门等九个技术环节进行详细讲解。

第三章　足球后备人才技术能力训练

一、颠球

颠球是指运动员可以用身体的各个部位连续地触碰球并控制球不落地。颠球是熟悉球性的主要训练手段,通过颠球逐渐熟悉球的弹性、重量、触感以控制用力的轻重。颠球的基本要领是找准球的重心。

（一）动作解析

1. 用脚背颠球

动作要领：看准球路并正确地用脚接住落下的球。击球瞬间踝关节保持稳定,用力均匀,切忌用力过猛,始终让球控制在身体的周围。注意刚开始练习的时候,不用在意连续颠球的次数,更重要的是每次都能把球朝着正上方踢准 (图 3-1)。

图 3-1　脚背颠球

2. 用脚内侧颠球

动作要领：脚腕向内侧转,用内脚踝略偏下的位置轻轻地颠球,在小腿和地面处于水平的位置把球往上踢,使踢的位置和地面保持水平,同时需要看准球路。连续用脚内侧颠球是高难度动作,从单次接稳开始练习。

3. 用脚外侧颠球

动作要领：脚屈向身体外侧,用脚的外侧面轻轻把球向上踢,踢球的位置应与地面保持水平。注意用脚外侧颠球是非常难的技术,应该慢慢练习才能找到动作要领和体感。

4. 用大腿颠球

动作要领：这个动作相对较为简单，注意膝盖弯曲，尽量用大腿的中心触球，这项技术也常常用于停球。需要注意的是膝盖如果抬得过高，会把颠起的球打向自己的脸，所以大腿应尽量与水平面平行（图3-2）。

图3-2　大腿颠球

5. 用头颠球

动作要领：用头颠球也是相对简单的动作，但是需要强调的是，直到头触碰到球的瞬间眼睛要一直盯紧球的走向，同时保持两臂自然伸展，以保持身体平衡。

6. 用肩膀颠球

动作要领：眼睛需要紧紧盯住球，即便在肩膀碰到球的瞬间也不要转移视线，以保证球是向正上方颠起的，同时保持身体放松。

（二）注意事项

（1）颠球的主要目的是锻炼球感，能够娴熟地颠球意味着具有了一定的控球能力。

（2）脚颠球时，注意踝关节收紧用力，不要松弛，否则会造成发力不稳定。

（3）头部颠球时不仅仅是颈部用力，是身体的各部位一起协调用力。

二、运球

运球是指运动员在跑动的同时,控制球始终在身体的周围并传递给队友或者直接射门。运球体现了运动员的控球能力,它体现了比赛的推进节奏,为传球以及过人突破做准备。正确的运球技术需要建立在对比赛情势的准确分析和判断的基础上,因此在运球中还应该培养良好的观察能力。

(一)动作解析

1. 直线运球

动作要领:保证球始终在身体的前方可控范围之内。既不能太远而影响控球,也不能太近而降低行进速度。主要用脚背正面和脚背外侧以适当的力度推球。适合于较长距离的直线快速推进,或者以速度突破对手时运用(图3-3)。

图3-3 直线运球

2. 变向运球

动作要领:运球时注意将身体重心放低,这样在应对多变的对抗情况时可以更灵活。变向时更多的是用脚背内侧和脚背外侧的拨球。当使用脚背内侧推动球时,身体自然地向支撑脚那侧倾斜,运球脚的脚背内侧触球的侧后方中部并拨向斜前方,从而改变了球的运行方向,变向运球。当使用脚背外侧拨球变向时,身体倾斜向支撑脚的一方,运球脚的脚背外侧触球的侧后方中部,将球推向斜前方。

3. 变速运球

动作要领:运球速度会随着场上比赛的情况而随时进行调节,因此控制运球的速度是关键。平稳运球要求推球距离不能太远,力量适当。准备变速时身体重心应降低,并加大推球力量,使球速与自身的跑速相适宜。同时控制球在身体周围可控的范围之内,将球运到目标位置。当速度需要由快变慢时,这时候身体直起或稍稍向后倾斜,以及时制动,同时减轻推球力量,使球速降低并与人的行进速度相适宜。

(二)注意事项

(1)运球时注意跑动步幅不能过大,以防有对手拦截时能灵活应变。

(2)运球脚的力量一定要稳定并且适当,安全控球始终是前提,如果前方一定距离内没有对手阻截,可适当加大推球力度,快速前进。

(3)运球的同时要养成观察场上环境的习惯,兼顾运球和全局的微妙变化。在足球赛场上可谓瞬息万变,激烈异常,因此在一开始学习的时候就养成适应比赛的良好习惯,杜绝一味地低头看球。

(4)运球时除了要把球推进到目标区域以外,同时非常重要的是随时用身体掩护球不被拦截。如果遇到对手跟随,应该及时变化运球的脚,以远离对手的一侧脚运球,同时用身体阻隔对手靠近球。

三、传球

传球是组织有效进攻、突破对方防线和创造射门机会的主要手段。传球不只是将球传给目标队友,同时要对队友的跑动有预见性的判断,做到准确、安全地将球传给队友。现代足球讲球求快速和全攻全守,因此,比赛中对传球技术的要求越来越高,而且对传球的隐蔽性、突然性都提出了新的要求。传球技术还是运动员在比赛过程中的联结纽带,是组织配合的基础。

第三章　足球后备人才技术能力训练

（一）动作解析

1. 短传

动作要领：支撑脚在球的侧后方，踢球腿以大腿带动小腿迅速发力，以脚内侧或脚背外侧触球的后中部，并以适当的力度推拨球至目标位置。短传无需过大力度，摆腿和脚踝的转动幅度也不大。传球后身体随即调整姿态，准备下一步的接应和配合。

2. 中长传

动作要领：传球时运动员尽量与出球方向形成45°角助跑，支撑脚落于球的侧后方，膝部弯曲，使身体重心下降并稍向支撑脚一侧倾斜。助跑后在支撑脚着地的同时，踢球脚自然后摆并以脚尖带动膝关节向前用力踢球，注意脚尖稍向外转，中、长传主要使用脚背内侧踢球的技术。

3. 头顶传球

动作要领：准确判断来球的高度和落点，并决定起跳的时机和位置。两脚前后或左右开立，两臂自然张开以保持身体平衡，眼睛始终保持注视来球，当顶球时，两脚用力蹬地跳起，同时收腹、甩头用力迎球，尽量顶球的后上部，这样可以使球尽可能地落于队友的脚下，以便其更好地控球。

头顶传球是处理空中球的主要方法。而且可以争取时间和空间的优势，不待球落地已将球传给队友。

4. 传弧线球

动作要领：弧线球分脚背内侧传弧线球和脚背外侧传弧线球两种。脚背内侧弧线球，踢球腿略带弧线摆动，在踢球的瞬间，踝关节用力向里转并上翘，使球成侧旋沿一定的弧线运行。当传脚背外侧弧线球时，人与出球方向成正面助跑，踢球前，脚跟提起，脚尖着地并内转，踢球瞬间，踝关节用力击球后中部，随后踢球腿向支撑脚一侧的前上方摆动，以加大球的旋转力量。

传弧线球一方面能更快地将球传给队友并组织进攻，另一方面让对方难以断抢。

除此之外,还有转身传球,胸部传球,脚后跟传球等难度较高的传球技术需要在熟练掌握基本常用的技术之后再进一步学习和训练。

(二)注意事项

(1)传球前要观察周围的环境,之后才能对传球的方向、距离、落点等有准确的判断和决策。

(2)不论是短传还是中、长传,都应该追求准确无误、力量恰当。并同时能预判球运行的时间和落点,以及队友接应所需要的时间和位置,传出的球力争做到"球到人到"。

(3)摆腿的摆速、摆幅与传球的距离成正比。摆速越快,摆幅越大,所传的球力量大且距离远。

(4)应尽量保证传球的质量,若条件允许尽力使球在被传出前处于平稳的状态。

四、接球

现代足球对接球技术有两个方面的要求:一是停球,运动员有目的地运用身体的合理部位将运行中的球停下来,并控制在所需要的范围内;二是将停下的球快速控制并连接下一个技术动作。

接球是为下一个动作服务的,接球质量的好坏直接影响着下一个动作的顺利完成。足球比赛中要求接球动作快速且准确。根据来球的不同性质、不同状态,接球的部位和方法也不同。

(一)动作解析

1. 接地滚球

(1)脚底接球

动作要领:因为脚触球的面积较大,动作简单,是最常用到的接球方式。接地滚球时人向前迎球,接球腿屈膝提起,待接近球时用脚底触球、稳球,并控制于身体前侧(图3-4)。

第三章 足球后备人才技术能力训练

图 3-4 脚底接球

（2）脚内侧接球

动作要领：支撑脚脚尖对来球，膝关节微屈同时此侧肩膀正对来球。接球腿提腿的同时大腿外展，脚内侧正对来球并前迎。当脚触球的瞬间迅速后撤，把球平稳控于脚下。

（3）脚背外侧接球

动作要领：支撑腿膝关节微屈，接球腿提起同时屈膝，脚内转是脚背外侧和小腿与地面成锐角，而且正对着接球后球的运行方向。然后脚离地面同时大腿向接球后球运行的方向推送。

脚背外侧接球时摆腿的方向与接球的方向相反，可用于迷惑对手，如果能够与假动作一起使用的话效果更好。

2. 接球转身

动作要领：首先迎球跑动，待快到接近球的时候用接球脚将球停住，支撑脚顺势向前跨一步，并蹬地以制动，紧接着待着地后以脚掌为轴带动身体向后转动 180°，此时接球脚以脚背向身体转动的方向推球，从而完成接球转身动作。

3. 接空中球

动作要领：根据来球的高度不同，采用不同的部位接球。可以是头部、胸部、大腿、脚内侧或者脚背正面。注意当遇到较大力量的来球应该先迎后撤。如果用脚内侧接球，要提腿并充分外转，以脚内侧对准来球。如果用脚背正面接空中来球，重心应放在支撑脚上，接球腿脚背正面对准来球，屈膝提腿，当球与脚接触的瞬间，大腿、小腿、踝关节同时

· 63 ·

放松下撤,以缓冲球的力量,并使球平稳落地。熟练之后,接球时接球腿仅靠踝关节在触球时的放松缓冲也能达到同样效果。

接空中球的时候会根据不同情况选择不同部位接球。

(1)用大腿接球。当用大腿接空中下落球时,以大腿中部触球。同样要做好先迎后撤的动作,在触球的瞬间,接球腿迅速向下撤引以缓冲球的力量,同时将球控制在身体前侧。

(2)用胸部接球。用胸部接空中球分为挺胸接球和收胸接球。挺胸接球时,身体正对来球,两膝微屈,上体稍微后仰,触球时挺胸并屏住呼吸,使球触胸后向前上方弹起,注意在触球的瞬间判断来球的力量大小,并适当后撤以缓冲力量。

收胸接球时,身体稍稍前倾,当球一触胸,迅即收胸、收腹以使球顺势落于脚下(图3-5)。

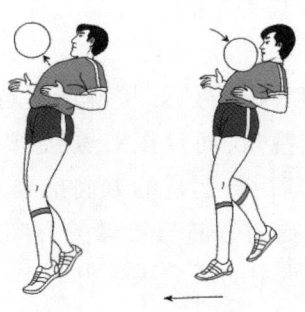

图3-5 胸部接球

(3)用头部接球。头部接空中球时身体稍向后仰,两眼紧紧注视来球,以前额正面迎球,在触球瞬间,头向上轻抬、身体迅速后撤,以缓冲力量。

(4)用腹部接球。当来球突然且落于腹部高度附近时,可以选择腹部接球。同样使用先迎后撤的方式,先挺腹,在腹部触球之后含胸收腹以泄力并顺势将球停于脚下。

(二)注意事项

(1)接球前先判断来球的高度、落点,以此决定接球部位和接球方法。

(2)要主动迎球接球,不要原地等球接球。

（3）接空中球时,如果仅靠一个动作不能达到目的,可以运用其他接球技术配合接球,最终达到平稳控球的目的。

（4）在比赛中接球之后一定紧跟着衔接其他技术以达到进攻或防守的目的,因此在训练的时候就要养成运用技术的同时观察场上情况,这样每个技术的运用都是紧密连贯、有清晰目的的,所有的动作形成一套整体技术过程。

（5）实践中对有些空中来球,没有限定哪个部位接球最好,以最快控球为原则,可以结合多部位接球。

五、踢球

踢球是运动员有目的地用脚把球踢向预定目标的技术,是足球技术中最重要的技术。主要用于传球和射门。

（一）动作解析

1. 助跑

动作要领：助跑是踢球前起到调节作用的几步跑动。前几步跑小步,为最后一步做铺垫,最后一步要大一些,这一步非常关键,这是为踢球腿能够充分摆动、增加摆腿速度、提高击球准确性以及踢球后制动身体的前冲创造条件。其中,踢球腿的摆幅越大、摆速越快则踢球的力量越大,球的运行速度越快,运行距离就越远。因此,踢球腿摆动动作的质量直接影响着踢球的质量。尤其踢活动球时,在支撑脚落地时,球还在运行之中,要把踢球腿后摆的时间计算在内。

助跑的作用是调整运动员与足球的距离、方向、角度,方便找到踢球时支撑脚的最佳站位,最终给出完美的一击(图3-6)。

2. 脚内侧踢定位球

动作要领：脚内侧踢定位球也称脚弓踢球,其特点是脚与球接触面积大,出球准确而且平稳,相对容易掌握。直线助跑时,支撑脚落在球侧一拳左右,脚尖与出球方向一致,踢球腿用大腿带动小腿向前摆动,同时大腿外展,在膝关节的摆动位于球的正上方时,小腿爆发式摆动,触球之前使脚内侧所在的平面与出球方向垂直,脚尖微微翘起,脚底与地面平行。

图 3-6 助跑

3. 脚背内侧踢定位球

动作要领：技术结构与前两种相同，细节有所区别。脚背内侧踢定位球常常用于长传球或射门。助跑方向与出球方向成45°角，支撑脚底积极落地，距离球内侧后至少一脚的距离，在踢球腿做爆发式摆动时，脚尖稍微外转，以脚背内侧击球。

4. 脚背正面踢定位球

动作要领：相比较其他几种踢法，脚背正面踢球由于摆动幅度更大，所以力量也更大，准确性较强，同时因此使得出球方向变化较小。脚尖正对出球方向，当踢球腿的膝关节摆至球的正上方时，小腿爆发式摆动，以脚背正面击球后中部（图3-7）。

图 3-7 脚背正面踢定位球

5. 脚背外侧踢定位球

动作要领：脚背外侧踢球时脚踝相对比较灵活，摆腿方向可有多种变化，以正常的姿势助跑，所以这种踢法的出球隐蔽性强，在正式比赛中运用于较多情形。

6. 脚后跟踢定位球

动作要领：这是一种出球方向向后的踢法，隐蔽性和突然性很好，但踢球力量小。球在支撑脚的外侧时，踢球脚在支撑脚的前面交叉并摆到支撑脚的外侧用脚跟踢球。球在支撑脚内侧时，踢球腿后摆用脚后跟踢球即可。

7. 脚尖踢定位球

动作要领：一般是支撑腿迅速上步，踢球腿尽量前送，小腿前伸，以踢球腿的最大长度，踢距离身体较远的球。由于出球非常迅速，适合于场地泥泞湿滑的比赛，同时也是一种在门前快速完成射门的技术。

（二）注意事项
（1）助跑时最后一步步幅要大，为踢球腿摆腿留出足够大的空间。
（2）踢球后随着踢球腿的前摆和送髋，身体重心前移，可以控制出球方向，保证踢球力度，随后应注意缓和身体前冲的惯性，并与下一个动作衔接。

六、抢断球

（一）动作解析
抢断球是指运动员在规则允许的范围之内使用合理的技术和身体部位抢夺控球权，或者破坏掉对手的控球权。从技术上分为抢球和断球两种方法。抢球技术是指球原本由进攻者掌控，变为因防守者由守转攻抢到控球权；断球是指球在进攻者控制时在传球或者射门的运行过程中，被对方控制或破坏。

1. 抢球

动作要领：正面抢球时，放低身体重心以便随时出击，双眼紧盯对手脚下的球，当对手触球脚离球落地或重心已经移至即将落地的触球脚的瞬间，快速跨步并将重心落于抢球腿上，将球封挡在抢球腿的内侧，从而控球。如果双方同时用脚挡球，处于双方夹球的状态，那么可以顺势提脚，在抢球脚不离球的情况下将球从对手脚面滑过，身体重心也迅速转移挡住对手并完全控球（图3-8）。

图3-8　正面抢球

抢球时还经常使用晃动身体等假动作，或者假装朝计划实施抢球的相反方向移动，引诱对方做出错误的判断，而制造真正的抢球机会。

侧面抢球时，抢球者紧降低身体重心并靠紧对方，待对方靠近自己一侧的腿离地时，使用合理的身体冲撞使对方暂时失去身体平衡，从而达到抢球目的（图3-9）。

图3-9　侧面抢球

2. 断球

动作要领：处于对手侧面的防守者事先做好降低身体重心随时启动发起进攻的准备，一旦判断出来球的落点，则快速启动，抢站在对方的近侧肩之前并压住对方，用脚或者胸部断抢来球，达到控球目的。

如果是断抢高空球，处于对手侧面的防守者应快速靠近对手并抢先落于对手的侧前方，用力起跳抢顶来球至目标位置。若防守者位于对手后方，则应该抢先起跳并前倾身体令进攻者无法正常起跳，并利用该时机抢断来球。

3. 封堵

动作要领：封堵主要指封堵对方的传球路线，一是封堵最危险的路线，二是封堵对手向前的传球路线。一般是用脚、身体直接挡住，或者通过跳起等方式封堵。注意一般用侧身位并保持一定的距离，不给对方突破的机会。封堵对方前进运球的原则是：放边不放中，放回不放前。

4. 铲球

（1）正面铲球

动作要领：当防守者正对持球者时，可用倒地扫铲的方式铲球。当持球者的踢球脚离开球的瞬间，防守者一脚后蹬，同时用另一腿向前滑出以封死对手的一面去路，紧接着蹬地脚横扫球至目标方向，达到破坏持球者控球的局面。

（2）侧面铲球

动作要领：当防守者位于控球者侧方或侧后方的时候，也可以通过铲球抢球。当持球者脚离开球的瞬间，防守者靠近持球者一侧的脚用力蹬地，用远侧腿从地面滑出，以脚掌将球铲出。身体倾斜顺着铲球方向倾倒，并以手臂支撑以缓冲力量（图3-10）。

（3）双脚铲球

动作要领：当处于较远距离时也可以双脚铲球，这时双脚同时蹬地身体倾斜以双脚铲球，或者单脚蹬地，然后双脚在空中并拢一起铲球。同时注意用双手缓冲着地，并迅速翻转起身，进入下一个动作。

铲球除了可以用于抢球，同时也可用于铲射或者铲传等，只要条件允许可以灵活运用于比赛中。

图 3-10　侧面铲球

（二）注意事项

（1）抢断球的时机非常重要,过早或者过晚都会错过最佳机会,直接影响效果。

（2）抢断球时双方对抗十分激烈,注意不要犯规和伤害球员。

七、运球过人

运球过人是摆脱对手、突破防守、组织进攻的重要手段,有时也用来变化进攻速度或调节比赛节奏。运球过人是运动员用合理有效的运球手段突破对手或者越过对手。运球过人是进攻过程中的重要手段,需要球员具有特别灵敏的速度、反应能力和协调能力。

（一）动作解析

1. 变向过人

（1）拨球变向过人

动作要领：拨球过人一般是运用踝关节的内外转动并拨球以达到转向的目的。一般在拨球前向预备拨球的相反方向运球以诱导对手重心偏离,然后迅速拨球完成过人动作。

（2）扣球变向过人

动作要领：扣球过人一般用于需要让球的运行方向发生较大变化的情况。准备变向时,抬起运球腿并向下压,用脚内侧或脚背外侧扣球,使得运行中的球急停或者变向。用脚背外侧扣球叫作外扣,用脚内侧扣球叫作内扣。

（3）拉球变向过人

动作要领：拉球是指用脚掌迅速将球从一个方向向相反方向拖拉的动作。

2. 假动作过人

（1）虚晃动作过人

动作要领：当防守者正面抢球时，持球者可用运球脚内侧佯装向左（或者右）拨球，待对手向同侧转移重心之后，迅速用运球脚外侧向相反方向拨球，同时配合身体的虚晃以达到更好的效果。

（2）跨步假动作过人

动作要领：当防守者从身后追抢时，持球者可以佯装让球在裆下跨步迈过，做出向跨步方向运球的姿势，同时身体配合向前，当对手做出同方向的移动或重心转移后，迅速向反方向转身运球，把对手抛在身后，实现过人成功。

（3）速度变化假动作

动作要领：持球者运球时故意减速，以诱骗对手减速，然后以远离对方的脚突然发力，使球加速运行至稍远的目标位置，完成加速过人。

（4）假停过人

动作要领：当防守者多人在侧面追抢时，持球者可用脚在球上做出制动的假停动作，当对手误以为真并随之也减速欲停时，持球者迅速推球并加速向前以摆脱对手。

（5）人球分过

动作要领：在一对一过人并且对手的上半身前倾时使用人球分过技术将十分有效。当确认对手背后空档，同时观察对手的平衡状态，当机立断把球运到对手够不到的位置，然后迅速绕到对手身后继续控球。注意推球的力度非常关键，太远或太近都直接影响运球过人的效果。

（6）克鲁伊夫转身过人

动作要领：这是在高速运动中的虚晃一脚。运球的同时观察对手的状态，用远离对手的脚虚晃佯装向前踢球，当对手减速的瞬间用刚才虚晃的脚内侧把球向后方推送，稍微屈膝，让球通过轴心脚的脚底，立即转身控球并提速完成过人。

（二）注意事项

（1）运球过人时注意时机要选准，一般选在对手重心不稳或重心转换时进行。

（2）假动作的要领是出其不意攻其不备、假慢真快，做假动作时要慢，待对手随之做出回应之后，再突然加速或者转向，迅速过人。

（3）运球过人时，需要与对手保持恰当的距离，太近容易被突破，太远动作效果打折，则失去动作的意义。

八、射门

射门是把握宝贵的得分机会，完成进攻中最关键的技术，射门技术完成的好坏直接决定着进攻的成效。

（一）动作解析

1. 直接射门

（1）地滚球

动作要领：地滚球直接射门时，应根据来球的性质选择用脚背正面或者脚背内侧、脚背外侧踢球射门。在上前迎球时应注意留取一定的提前量。射门时上身稍前倾，摆腿适当，击球的后上部以保证出球高度不超过球门横梁。

直接射击侧面来的地滚球时，支撑脚的着地位置同样要留取适当的距离，并预估适当的角度。

（2）高球射门

动作要领：高球射门的关键是准确判断来球的落点。踢球腿摆腿时注意上提，踢球的后下部。踢侧身球时身体侧对出球方向，踢球的后中部。跳起背向踢凌空球需要准确判断来球的路线以及落点。选择恰当的时机身体腾空后仰，一条腿上摆踢准球的后中部。对于距离身体较远的平空球，可选择鱼跃顶球射门。以单脚或双脚蹬地起跳，身体呈水平趋势向前冲起，并以身体的冲力顶球射门。选择此方式射门需要注意双手落地保护和平衡身体。对于正前方的高球，可以直接跳起头顶球射门（图3-11）。

第三章 足球后备人才技术能力训练

图 3-11 高球射门

2. 运球射门

动作要领：运球射门是指球还在运行的过程中，持球者以一定力量的稍大力度发力射门。需要注意的是因为球还在向前滚动，因此助跑后支撑脚应预估球的滚动距离而落点稍微靠前。当支撑腿着地后，踢球腿大腿带动小腿向后摆动，当大腿基本垂直于地面时，小腿加速摆动，脚尖向下，以脚背正面直击球的中后部。踢球后身体迅速调节至衔接下一个动作。

如果是用脚背内侧或者外侧推球，区别只是人的站位与球需在一条斜线上，所以在运球的最后一步时注意调整角度。

3. 接球射门

动作要领：接球射门其实是连续完成两个动作，即先接球，再射门，且两个动作之间要流畅娴熟、一气呵成才能达到最佳效果。其要点是迅速判断并选择最合适的身体部位接球，尽量直接平稳控球，同时以身体为屏障隔离对手，并以最快的速度射门。

4. 任意球射门

动作要领：任意球射门主要是以弧线球完成。注意选择一定的助跑距离，它体现了运动员踢弧线球的基本功以及能否稳定发挥。

（二）注意事项

（1）射门时往往也是双方争抢最激烈的时候，这时一定用远离防守者的脚射门，以身体掩护控球。

（2）头顶球射门时出球往往偏高，为提高命中率，可在顶球时略降低目标位置。

（3）无论哪种射门技术，都需要"快、准、狠"，每一次射门时都应迅速决断，把握住稍纵即逝的宝贵机会。

九、守门员的技术

守门员是球队的关键角色，一位可靠而拥有威信的守门员可以提高全队的士气。守门员的技术包括准备姿势、移动、接球、扑球、拳击球、托球、掷球和踢球等。其中，守门员的接球技术又包括接地滚球、接平直球、接高空球等。可以说，守门员的技术好坏将直接影响比赛的结果。需要注意的是，守门员的职责不仅仅是守住球队的最后一道防线，还要能组织全队进行有序攻防。

（一）动作解析

1. 准备姿势

动作要领：守门员的战斗状态是从准备姿势开始的。首先两腿开立，屈膝，上身前倾，脚跟提起，身体重心在脚掌上，两只手臂于胸前，手心向下，眼睛直视前方队员运球的位置。

2. 站位

动作要领：守门员应该站在能最大限度封挡住对方的射门的位置。理论上应该站在射门角的分角线上。分角线就是射门点和两个门柱构成的角度。一般情况守门员会站在略靠前的位置以缩小射门角。如果射门点距离球门较远，那么来球有可能通过高吊球射门，因此这时候守门员不宜离球门过远。

如果球在对方半场，守门员可以靠前并和后卫保持一定距离。

如果球在本方半场，守门员应站在距离球较远的门柱附近。

3. 移步

动作要领：在比赛中守门员常常需要扑距离较远的球，这时候就要用到移步的技术，分为侧移步和交叉移步。当需要向左移步时，先用右脚用力蹬地,左脚左移步后,右脚快速跟上。当扑两侧低平球时,常常要用侧移步。交叉移步用于扑两侧高球或身后高球。如果需要向右侧做交叉移步,身体向右倾斜同时用力蹬地,并向右前方跨出一步成交叉步,然后右脚向右侧移动,双脚依次快速移动并蹬地跃起。

4. 接球

(1)地面球

动作要领:接地面球常见的有直腿式(图 3-12)和跪撑式(图 3-13),直腿式指面对来球弯腰迎球,两腿间距离以能阻挡球通过为原则,两手张开将来球抱收怀中。跪撑式用于向两侧移步接球时使用,如需要接右侧球,右腿屈膝并近乎跪地,双手张开接收来球。

  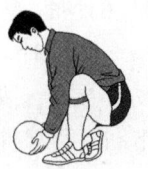

图 3-12　直腿式接球　　　　　　图 3-13　跪撑式接球

(2)平直球

动作要领:平直球是指高度在胸部之下的空中球。接球时上体前倾,双手手指张开手心向上,当手触球时注意微微撤缓冲。

(3)高空球

动作要领:这里是指原地接正面高空球,配合单脚或者双脚跳起一起完成。原地接高空球时两只手臂需要向上高高伸起,以两拇指成"八"字的姿势迎球,触球后靠手指和手腕的配合将球紧紧扣住并收于怀中。同时注意准确选择接球点是成功的关键(图 3-14)。

如果是接身体两侧的高空球,两手臂根据判断来球的高度伸到相应的高度,以离球近的一侧手手心略向前,准备接来球的后部以挡住球的射门路线,另一只手张开接球的上部,两手同样成"八"字做合球状,触球后手腕进口并收回手臂抱球于胸前。

图 3-14　接高空球

5. 扑球

扑球是当移动身体已经来不及接球的情况下采取的方位手段。可分为原地扑球、跃起扑球、扑脚下球、扑平直球和扑高球几种技术。

（1）原地扑球

动作要领：如果扑右侧球，则右脚先用力蹬地，然后身体顺势向右侧倒下，两手臂伸直，一手接球后部，一手接球的后上部，双手合球将球紧紧扣住。注意接球时眼睛始终盯紧来球的路线。

（2）跃起扑球

动作要领：以要扑倒的同侧脚先蹬地，身体重心降低并尽量贴近地面伸展，以整个身体阻挡来球射门。

如果是距离较远的空中球，还需要先移步一段距离再跃起扑球。这时候需要守门员有快速且准确的判断力，如果距离判断失误将直接影响扑球的效果（图3-15）。

图 3-15　跃起扑球

第三章　足球后备人才技术能力训练

（3）扑脚下球

动作要领：扑脚下球的要点是重心更低，身体横展并力争封角，落地后团身裹球以防脱手（图 3-16）。

图 3-16　扑脚下球

（4）扑平直球

动作要领：扑平直球动作类似跃起扑球并注意展体充分，手指及手掌用力抓住球，以防在肩部着地时受地面的冲力让球脱手。

（5）扑高球

动作要领：扑高球的动作要领是腿先着地，有利于手、手腕以及上肢的稳定控球。

6.托球

动作要领：托球是指身体跳起向后或侧后倾斜，同时伸展手臂手指张开托球的下部，把球托出球门或改变运行方向。其成功的关键是球运行角度和高度的准确判断（图 3-17）。

图 3-17　托球

7. 拳击球

动作要领：拳击球分为单拳击球和双拳头击球。单拳击球时拳头要握紧，手臂摆动幅度越大力量越大，击球时应迅速主动出拳，将球击出。双拳击球多用于正面来球，双拳的优势是触球面积大，因此准确性高。双拳击球主要靠屈肘后快速出拳的冲力，力量小于单拳击球（图 3-18）。

图 3-18　拳击球

8. 发球

发球是守门员组织和发动进攻时主要使用的技术，一般分为单手肩上发球、单手低平发球和勾手发球。优秀的守门员一次发球距离可达 40—50 米之外，是成功率非常高的一种手段。

（1）单手肩上发球

动作要领：单手发球时掌心牢牢地扣球，利用后腿蹬地、转体挥臂以及甩腕的力量将球抛出。要点是整个躯体动作协调一致，衔接流畅（图 3-19）。

图 3-19　单手肩上发球

（2）单手低平发球

动作要领：与肩上单手发球的动作区别是发球时身体重心降低，手臂位置也随之降低。

（3）勾手发球

动作要领：勾手发球利用身体较大的转幅所带来的惯性，因此力量较大，发球时手掌和手指单手扣球于身体的侧后方发力，发球后的身体随惯性向前，注意维持平衡（图3-20）。

图3-20　勾手发球

（二）注意事项

（1）足球比赛是团队行为，需要整体队员的完美配合才能打出高水平的球赛。守门员的技术虽然自成体系，但是也需要熟悉其他技术并有一定程度的掌握，这样在比赛中才能做到整个球队的默契配合。

（2）守门员最常用的是接球技术，对于后备青少年运动员来说，应该加强练习接球手型，避免接球不稳。

（3）守门员无论是接球还是扑球，都建立在对球的运行速度、角度和力量有准确的判断之上。因此除了技术之外，观察能力、反应能力以及决断力都是非常重要的能力。

第三节　足球后备人才技术训练实操

结合前两节有关足球技术训练的原则以及动作解析、注意事项,安排相应的实操训练,进行系统的实际操作和学习。

一、颠球训练

(1)每人一球,独自练习,在规定时间内累计不落地的连续颠球次数。

(2)两人一球,相互传球颠球,一人颠一次然后传给对方,或者递增交换颠球。即甲颠一次给乙,乙颠两次再给甲,以此类推,可以增加训练的趣味性。

(3)多人围圈颠球。三人或三人以上即可,以球不落地为标准。

(4)"足排球"游戏,采用排球的规则,以身体颠球的方式进行比赛,颠球的部位不限,双方记次以分胜负。

(5)列队头颠球。集体成一纵队,从排头第一个人开始向上方颠球依次传给身后的队员,以球连续不落地的次数多取胜(图 3-21)。

图 3-21　列队头颠球

(6)身体各部位依次颠球。即左、右脚背,左、右脚内侧,左、右脚外侧,左、右大腿,左、右肩膀,头,胸口分别颠球,并不重复部位,也可以制定顺序以增加训练难度和趣味性。

二、运球训练

（1）直线运球。以 10 米、20 米、40 米递进走直线运球训练。

（2）曲线运球。以 1.5 米的间距设置多根旗杆，让运动员绕旗杆练习曲线运球技术。

（3）在熟悉以上两种技术之后，增加变速运球、变向运球。

三、传球训练

（1）脚内侧短传，脚外侧短传。两队队员相距 5—8 米，甲队的第一名队员将球传给乙队的第一名队员，随后第二名队员跟上，依此类推。

（2）前进与倒退跑中的短传。两人一组相对而站，一人向前跑的同时一人倒退跑，在匀速和变速跑的过程中相互传球。

（3）多人传球综合练习。

①队员分为两组，分别在场地的两边练习运球底线传中（图 3-22）。

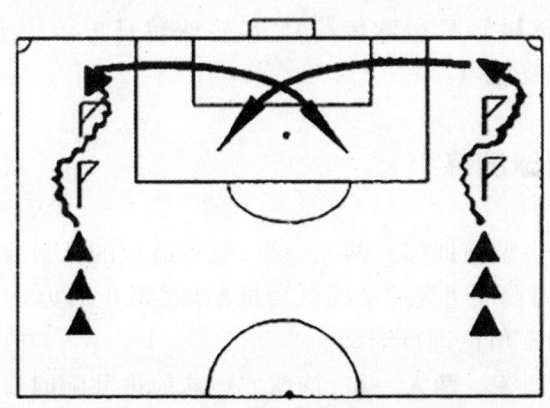

图 3-22　运球底线传中训练

②队员分为两组，A 与 C 一组，B 与 D 一组。A 短传给 C 以后立即插上接 C 的回传球，并在接球后做 45°斜长传。B、D 组以相同的方法同时进行练习（图 3-23）。

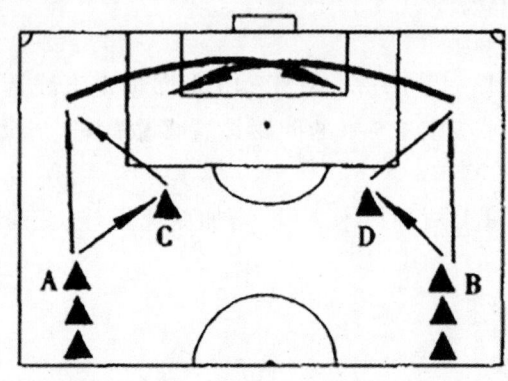

图 3-23　短传和斜长传组合练习

四、接球训练

（1）独自抛停球练习。自己抛球并练习接空中球。
（2）三人一组练习接球转身传球。A、B、C三人一组，首先A将球传给B，B接球后转身运球传给C，C接球转身再传给上前迎球的A。可循环反复重复练习。

五、抢断球训练

（1）一对一紧逼训练。两人一组，负责进攻的队员要敢于上前紧逼持球队员，同时降低重心，寻找机会抢断球，阻止对方运球突破。两人通过互换攻守方角色进行训练。
（2）铲球训练。两人一组，持球方运球前进并随时以身体掩护球不被对方抢断，另一人紧紧跟随并伺机进行铲断练习，可以从单脚铲球开始，同时注意切勿造成伤害事故。

六、运球过人训练

（1）连续过人练习。A、B、C三人一组，两两之间间隔10米。A持球连续过B和C。三人轮流转换攻防角色进行练习。

（2）人球分过练习。两人一组，A持球运球，B在近旁寻求突破，A护球的同时观察B的动作，趁B重心转换之际，且确认B上身前倾且身后安全，迅速将球推至B的身后，并快速随球上前，完成人球分过。两人互换角色练习。

七、射门训练

（1）运球射门练习。队员分组分别练习直线运球射门和曲线运球射门。

（2）运球过人射门练习。两人一组，A持球过B后射门，B防守的同时练习抢断球。两人互换攻防角色重复练习。

（3）多球多点射门。6—7人分为一组训练，首先多人站在不同的点位给一人发球练习射门，可根据来球的位置和性质选择做直接射门或接球射门，轮流完成训练。

八、守门员训练

（1）选位练习。6—7人分为一组训练，队员分别站在罚球区的不同位置并互相传球，守门员根据球所在的位置调整自己的站位。

（2）对墙练习接球。守门员一人对墙投球练习接反弹球，主要练习接球的手型、手法。

（3）一对一练习接球。一人连续抛球或踢球，并尽量发出不同高度、不同方向的球，让守门员练习连续接球或扑球，是体能与技术的结合训练。

（4）快速出击练习。队员运球射门，守门员练习快速出击接球或扑球。

（5）综合练习。其他队员练习不同的射门技术，守门员练习各种接球、扑球、拳击球、踢球技术。

第四章　足球后备人才战术能力训练

振兴足球目前已成为全国人民的热切盼望。我国足球正处于快速的发展建设阶段，要想在足球这项运动项目中取得大的突破，就需要加强对足球后备人才战术能力的训练。战术综合体现着一个球队的技术、全体球员的身体素质和意志品质，在比赛中非常重要。本章将系统介绍足球战术理论知识以提升足球后备人才的理论素养，介绍战术能力训练的相关内容，学习世界先进球队的训练方法，最后注重将理论应用于实践，为广大教练员与球员提供足球战术的训练实操指导。

第一节　足球后备人才战术理论素养提升

一、足球战术概述

（一）足球战术的概念

足球战术指在足球比赛过程中，运动员根据场上赛况，通过个人的努力或集体成员间的相互配合，为取得比赛胜利采取的各种方法、策略。

好的战术要想充分发挥其效用离不开运动员精湛的技术和良好的体能。选择合理的战术、根据赛况调整和改变战术都是使比赛取胜的关键因素。

（二）足球战术的本质

足球比赛赛况激烈，局势瞬息万变，足球运动员要在有限的时间内发挥自身潜能，将足球知识、技术融会贯通，并争取最终的胜利。简言

第四章　足球后备人才战术能力训练

之,足球战术的本质就是在比赛过程中争取时间和空间上的优势。双方球队需要通过一系列的对抗活动为得分创造机会并有效限制对方的活动,防止对手得分,取得实际的控球权。而在对抗过程中使用合理的战术,让对方暴露可利用的空间,能够在很大程度上实现抓住时间差,顺利进球得分的目的。战术的时空性是运用不同战术(进攻战术、防守战术等)的重要依据,只有在比赛中获得时空优势,才有可能取得最终的胜利。

（三）足球战术的具体特点

随着时代的发展,现代科学技术被广泛应用于足球这项运动,使足球战术得到了快速的发展。

1. 对抗激烈

全体球员通过一系列的战术活动争取控球权,期间充满身体冲撞、带球突破、贴身紧逼等不同类型的高强度对抗。据相关数据统计,在战术使用中,对抗性技术占全场技术使用的一半以上,有一半以上的战术通过对抗形式实现。因此,在现今的比赛中可利用的用来创造空间优势的时间被大大缩短,创造空间、时间优势变得尤为困难,比赛的对抗性质也日渐凸显。

2. 攻守快速转换,比赛节奏多变

球员为了保证防守安全,创造进球机会,需要快速切换各种进攻防守战术,这无疑对球员提出了更高的要求。球员在进行快速战术切换的同时,需要保证自身的控制能力,与球员进行有效配合和维持高技战术水平。

足球比赛的节奏受到全场球员有球无球活动、快速慢速活动、宽度与纵深规律等各种因素的影响。现代足球运动已实现了由单一节奏向复合节奏的转变,在出乎意料的时刻、地点快速控制球的运动轨迹,将球射入对方球门。

（四）足球比赛中的战术把握

战术把握需要保证攻守平衡、稳健与冒险兼顾、集体与球星的协调等。

1. 保证攻守平衡

进攻战术为射门机会创造条件,防守战术保证少失球,二者相辅相成,与最终比赛的结果密切相关。因此,要争取做到攻守平衡,不忽视任何一方面的内容。

2. 调整比赛节奏,稳健与冒险策略相结合

在足球比赛中,对比赛节奏的控制是非常关键的,而控制比赛节奏的重点在于控制比赛速度。球员抢到球后应快速做出反应,加快进攻速度。若缺乏快速进攻的条件和能力,则应该做到精心布局,稳扎稳打,逐步推进,在发现对方防守漏洞时果断出击。谁控制了比赛的节奏,谁就占据了比赛的主动权,使对手处于被动境地,有更多创造条件的机会。与此同时,要兼顾稳健与冒险策略,一般在后场防守要稳健;中场伺机而动,视情况而定;前场则应大胆突破,更加激进和冒险。特别是在比赛最后的决胜阶段,比赛的节奏、冒险与稳健相结合的踢法显得至关重要。

3. 协调集体与球星间的关系

若一个球队中拥有天才球员,在战术实施中还应考虑集体与球星之间的关系,使二者融为一体。足球比赛作为一项团队项目,应以集体为主,在集体的基础上,充分发挥球星卓越的个人能力,建设真正的一流球队。

二、比赛阵型

比赛阵型服务于战术需要和战术目的,属于足球战术的一部分,教练员根据本队球员和对方球员的特点,将球员有序排列在球场的不同位置上。比赛队形则是具体阵型在不同场区中根据比赛形势不断进行调整的人员组合,其变化丰富,灵活性、可操控性强。现代足球比赛中更加强调和追求比赛队形的变换。

比赛阵型不仅需要明确各球员的一般活动区域、具体职责,还需要明确球员间的配合关系、球员与各场线的关系。接下来介绍几种常见的足球比赛阵型。

第四章 足球后备人才战术能力训练

（一）"四三三"阵型

"四三三"阵型通常采用3名前锋（一般居于场地左右边线位置、中间位置）、3名前卫（均靠中路，位置有前有后，分居左、中、右位置）、4名后卫（一般左右后卫镇守两边，中后卫扼守球门），具体排列位置如图4-1所示。但各球队在实际运用中的位置排列并不相同。"四三三"阵型的位置变换较为灵活，各球员可在保持球队组织性的同时，根据比赛形势调整站位。此阵型一般利用3名前卫和3名前锋展开进攻，但此6名球员极易受到对手的盯防，因此，后卫的突然插上会对进攻起到极大的帮助作用。后卫需要抓住时机，谨慎插入，而其他球员则需要时刻关注对手的反击补位，必要时为保证防守的稳固，前锋可后撤参与防守。

此阵型的优点是整体的攻守力量较为均衡，阵型变换灵活，中场防守稳固。

此阵型的缺点是突前中锋受双中卫的夹击，攻击力较弱，在左右侧配合的边路进攻中，中路包抄力量薄弱。为弥补此缺点，3名前锋球员应有较好的体能和高超的技术。

图4-1 "四三三"阵型

（二）"四四二"阵型

"四四二"阵型的具体排列位置如图4-2所示。一般情况下，4名后卫中，左右边后卫负责对边路进行防守，从边路上插进行进攻。1名自由中卫,随时进行组织、补位、危急情况下补救。1名中卫专门负责盯住对方的中锋或厉害人物。该阵型在不同球队中的站位不尽相同,常见菱形或前后错位类型。2名前锋是球队的主要进攻成员,像尖刀一样插入对方区域,他们既可在中路相互照应,又可同时向两边后撤,让前卫、后卫上前进攻。阵型位置并非固定不变,不同球队应在实践基础上,探索此阵型的各种变换队形,充分发挥"四四二"阵型的优势。

此阵型常采用两种进攻方式。其一是2名内锋队员向场边活动制造宽度,中场的前后卫向前突进到禁区内,射门得分;其二是充分相信两前锋的能力和技术,在快速抢断后,长传发动进攻。

此阵型在防守方面常采用各球员之间密切配合的密集型防守。

图 4-2 "四四二"阵型

（三）"三五二"阵型

"三五二"阵型以稳固中场著称,是在13届世界杯上出现的新阵型。其具体排列位置如图 4-3 所示。

此阵型主要用于对抗"四四二"阵型。"三五二"阵型用3名后卫防对方2名前锋,在中场用5名前卫对抗对方4名前卫,后场和中场区域都在球员数量上占据优势。在进攻时,5名前卫可采取轮流多点进攻,而且从中场直接进攻极大缩短了进攻时间和距离,提升了进攻速度,给对方构成较大的威胁。在进行防守时,两名前卫可从前卫线撤到边路,将阵型转换为"五三二"型。

这个阵型的缺点是当对方球员进行中长传快攻时,大量集结在中路的球员来不及回防,2名边前卫身后的大块区域无人可守,暴露出致命弱点。

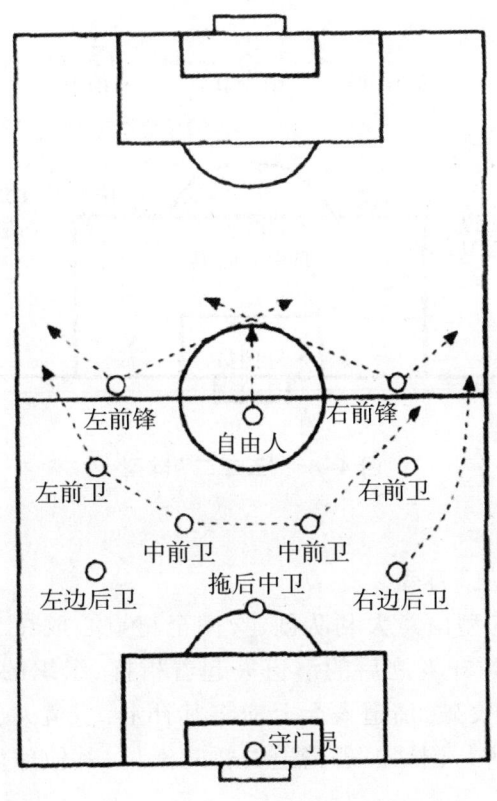

图 4-3 "三五二"阵型

(四)"五三二"阵型

"五三二"阵型的具体排列位置如图4-4所示。与"三五二"阵型相比,此阵型在后方增添了2名后卫,使防守重点向后移动。在进攻时,可将阵型变化为"三五二",使2名边后卫上前助攻,此阵型变化灵活,攻守转换迅速。

此阵型的缺点较为显著,大量球员集中于中场、后场,导致助攻距离较长,进攻速度缓慢。

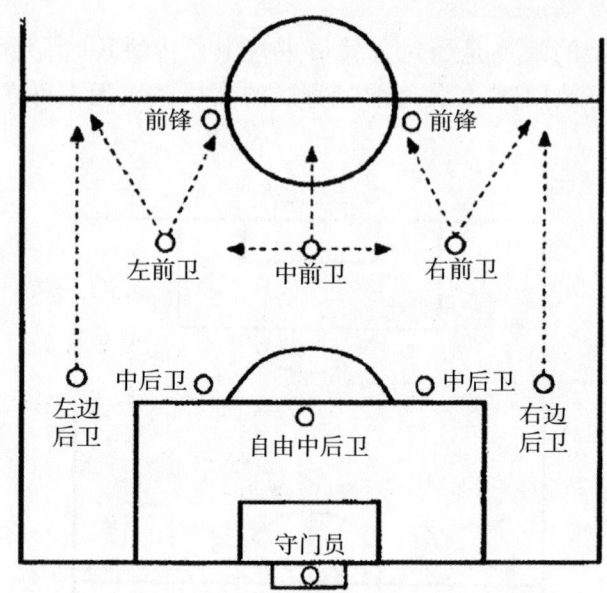

图 4-4 "五三二"阵型

(五)"混凝土"阵型

"混凝土"阵型由意大利队创建,完全将重心放在了防守上。在所有球员中,位于防守者之后的清道夫起着指挥、组织的核心作用,不管哪个区域被对方突破,清道夫会上前将其补上,清道夫也会留意无人盯防的对手,对其进行围堵。若清道夫暂时离位,其他球员需要立即补上其位。

"混凝土"阵型的具体排列位置如图 4-5 所示。其变化形式多样,当与 1+4+2+4 阵型交锋时,"混凝土"阵型常以 1+1+4+2+3 或 1+1+4+3+2 对垒;当对方采用 1+4+3+3 阵型时,它又常呈现出 1+1+3+4+2 或 1+1+3+3+3 布局,有时,面临对方的攻击性较强,"混凝土"阵型还可排列为 1+1+5+2+2。[1]

---

[1] 马冰. 足球实战技巧 技战术图解 [M]. 北京:北京体育大学出版社,2004.

第四章 足球后备人才战术能力训练

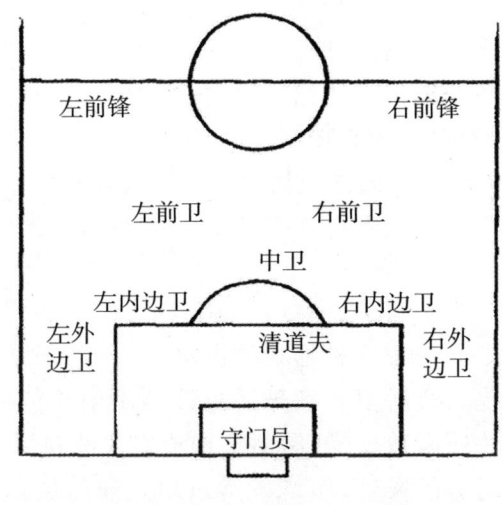

图 4-5 "混凝土"阵型

三、战术阵型中不同位置的具体职责

（一）边后卫

1. 防守职责

主要防守边路区域并根据赛前拟定的防守战术和场上球的具体位置进行行动。战术任务主要包括以下内容。

（1）采取多种手段防守边路通道，防止对方边锋进入。边后卫只有做到占据有利位置，充分识别对手的特点才能达到上述任务目的。边后卫可以通过采用站在更靠近自方球门的内线、刻意与对手保持距离、在内线跟紧移位对手的方式占据有利位置。并且需要在赛前充分了解对手的特点，时刻提防擅长运球突破的对手，对于行动变换难以捉摸的对手，需快速识破其意图，采取相应制约活动。

（2）运用多种方法封锁攻门通路，保护球门免受攻击。边后卫为完成此任务需要做到以下几点。

①切断对手通过内切直达球门的通道，采用"堵内放外"原则防守同侧边锋。

②在对方球员突破我方阵型并完成中卫补位的情况下，边后卫积极进行交叉补位，尽力填补中路的空隙。

③当对方球员采取异侧边路进攻时，边后卫应"放边保中"，保证中路防守的稳固，抢断对手的长传球。

（3）制造对手越位。通常边后卫的位置要在自由中卫前面，边后卫在前面有助于应用越位战术。

2. 进攻职责

边后卫通常参与以下几种形式的进攻。

（1）迅速进攻。边后卫在获球后可以利用中长传将球射入对方的无人区域并进行快速有效反击，给对方构成极大威胁。

（2）接住守门员的发球，组织发动进攻。守门员在获球后，边后卫应快速拉开距离，接应守门员的发球，由防守快速转为进攻。

（3）中场进攻。边后卫易在中场与同伴配合，边后卫对进攻的有效组织能够加强中场的优势。

（4）充当临时边锋的角色。边后卫能够在边路地区出现空当时充当边锋的角色，实施完成带球突破、射门等动作。但要注意在射门未中时及时回位。

（二）突前中卫

1. 防守职责

两名中卫处于球门前的要害区域，毫无疑问在防守中起着关键的作用。一般把两名中卫中执行突前任务的称为突前中卫，拖后者称为自由中卫。突前中卫的防守职责主要包括以下几方面内容。

（1）紧盯突前中锋。当对方球员接到球并对球门有威胁时，突前中卫应采取各种方法进行紧逼，最大限度阻碍突前中锋的进攻，削弱对手可能造成的进攻威胁。

（2）向后进行交叉补位。当抢断失败，自由中卫快速上前阻截对方中锋时，突前中卫应迅速向后为自由中卫补位，帮助构成双层防线。

2. 进攻职责

中卫以防守为主要任务，但当时机成熟时也可参与进攻。突前中卫的进攻任务主要包括以下几个方面。

（1）得球后将球传给前卫或前锋帮助进攻。

（2）在中场接应同伴,加强中场力量,帮助进攻。

（3）必要时参与一线射门活动,但需要在进攻结束时快速回位。

（三）自由中卫

1. 防守职责

自由中卫是防守的可靠后盾,是全队的关键人物,其位置处在三名后卫后方,主要的防守职责在于切断直达球门的通路。为达此目的,自由中卫应该积极应对各种复杂局面,争取做到以下几点。

（1）守在自己的防区,随时准备进行截获传球以便瓦解对方进攻。

（2）抢断对方长距离直传球,尽力弥补门前的空当。

（3）在射门区以外阻击对方的无人防守的"奇兵"。

（4）作为防守后盾,进行及时补漏。当我方队员被突破时,自由中卫立刻上前与对手进行周旋。

（5）当后卫投入进攻,防守阵型出现空当时,自由中卫应该弥补空当,掩护进攻,使整体防线没有漏洞,消除进攻球员的顾虑。

（6）纵观全局,做好后场的防守指挥。及时提醒、弥补同伴的防守过失,组织、指挥防守队员在合适的时机展开进攻。

2. 进攻职责

自由中卫的进攻职责主要包括以下几方面内容。

（1）抢球辅助进攻。自由中卫应该将抢到的球迅速传给前卫、边后卫等主要进攻球员,帮助发动进攻。

（2）接应配合同伴进攻。在后方接应同伴,通常采用倒脚传球或为同伴做墙实现二过一配合。

（3）突然插上,发动出其不意的进攻。自由中卫通常无人盯防,因此可以利用插上进攻寻求射门机会。插上进攻将长距离运球突破与墙式二合一结合,以求实现射门。

（四）前卫

前卫主要担任全攻全守的职责。根据具体的比赛需要前卫被划分为三种主要类型。

（1）组织型。组织型前卫的位置主要在中场，负责中场进攻。其具体职责包括以下几方面内容。

①组织进攻，控制比赛节奏。前卫在中场作为绝对的组织者，随时准备接应同伴，根据实际赛况把控进攻的时机、比赛的节奏。

②积极防守，对口盯人。我方球队一旦丢球，应快速将重点放于防守，在中场组拖住对方球员，减缓对方的进攻速度。

③威胁球门。前卫应在中锋拉边、边锋回撤时，快速占领空当，与同伴进行密切配合突破对方球门。

（2）防守型。防守型前卫的主要职责包括以下几点。

①对口盯人。防守型前卫通常紧盯对方"二中锋"，限制其进攻。

②防守。在中场区域完成各种防守任务。

③及时进行补位。及时封锁攻门通道，弥补中卫空缺和中路防线上的漏洞。

（3）进攻型。进攻型前卫是主要的进攻球员，位于中锋后，其主要职责和战术任务包括以下几方面内容。

①通过无球活动吸引对方球员的注意力，制造空当，为我方球员进行运球突破创造条件。

②在中场组织进攻，传球给前卫、边后卫，创造射门机会。

③若我方球员射门失败，需要快速实现由攻转守，积极盯防对方的持球球员，在中场组织防守，确保中场优势。

（五）突前前锋

突前前锋被喻为球队的"尖刀""炮手"，其主要职责包括以下几点。

（1）在对方球队门前进行带球突破、中路包抄，积极射门。

（2）充分利用无球跑动制造空当，扯动对方守门员，为我方创造射门机会。

（3）在失球后积极进行反抢或破坏对方一传，延误对方反攻。

（六）边锋

边锋除了要进行边路进攻，还有多种战术任务。C罗、菲戈等是家喻户晓的优秀边锋球员。

1. 在侧翼开展进攻

（1）积极带球突破，在边路扯出缺口，进行传中、射门等活动。
（2）充分扯动防守，帮助前卫或后卫插入到边路空当中。
（3）中路、异侧展开进攻时，做好接应传球的准备。
（4）通过交叉换位，起到另一侧边锋作用。

2. 组织中路进攻

中路进攻时，边锋既可与中锋进行交叉换位，又可在异侧边路传中，及时包抄射门。

3. 进行积极防守

（1）紧盯我方后卫，避免其进行自由助攻。
（2）加入中场后场的集体防守和门前防守行列。
（3）当边卫脱离位置进行进攻时，及时补位，暂时担当边卫的职责。

第二节　足球后备人才战术能力训练内容

足球后备人才的战术能力包含多项具体指标，如进攻战术能力指标、防守战术能力指标，等等。在足球后备人才的战术能力训练中，球队应该积极参照优秀球队的训练内容和训练方法，开展进攻防守战术训练、战术意识训练等，使球队具备高度的机动性。

一、进攻战术能力训练

进攻战术通常分为三种类型，即个人进攻战术、局部球员配合进攻战术和整体进攻战术。进攻战术要想取得成功，需要进行系统的进攻战术训练，重点培养球员间配合的快速度、流畅度、准确度。

（一）个人进攻战术训练

个人进攻战术指单名球员带球突破,越过防守队员的围追堵截,完成全队的进攻战术任务。此战术非常考察球员的个人能力,只有充分发挥个人的创造性,培养过硬的技术能力,保证身心素质的稳定状态,才有可能提高攻守战术的成功率。战术取胜的关键在于以下三点。

（1）球员能够长时间有效控球,不被对方球员提前破坏或抢下。

（2）充分利用上肢、下肢的假动作欺骗对手,寻找合适的射门时机。

（3）跑步速度较快,能够越过对方防守球员,将对方球员甩在身后。

个人进攻战术训练主要涉及跑位、接应、运球突破、传球等多方面的内容。

1.跑位训练

跑位指无球球员在赛场上进行有规划的跑动,在快速的跑动过程中,寻找时机,为所在球队创造进攻机会的活动。实践证明,在一场90分钟的比赛中,每队大约控制球的时间为30分钟,每个队员大约控制球的时间为3分钟,其他时间都在不断地跑位,由此可见跑位的重要性。[1] 跑位根据开始时的状态可分为多种类型。

（1）摆脱跑位或接应:无球球员在有人盯逼时到空当处接球。

（2）切入或插上:在无人盯逼时跑向有利的空当处。

（3）扯动牵制或制造空当:在对方盯逼的情况下,把防守者拉开防守位置。

跑位训练涉及的战术内容包括敏锐的观察,选择跑位时机与方向,明确跑位目的等。

（1）观察力。本球队由守转攻时,无球队员需要时刻把握控球队员的场区位置、无球同伴的活动方向,与此同时,判断对方球员对我方控球球员的抢截与整体布防情况,根据本队特点和攻防任务进行切入、接应或扯动,只有具有敏锐的观察力才能完成以上一系列的操作。

（2）跑位的时机。跑位球员发现空当后,要注意与传球队员配合的时机,以便能顺利切入空当接球。跑位队员与传球队员要通过目光传递各自意图,根据临场状况,在恰当的时间以恰当的速度跑向预先选择的空当,接住传球队员传出的具有隐蔽性的传球。

---

[1] 马冰.足球实战技巧 技战术图解[M].北京:北京体育大学出版社,2004:56.

第四章　足球后备人才战术能力训练

（3）跑位的方向。在罚球区的争夺决定了足球比赛的胜负。因此，全队球员应该积极配合，进行有组织的传球跑位配合，以便在最短时间内把球推到对方罚球区，突破对方防线。跑位的主要方向为向前插入对方的罚球区。跑位队员可以利用向回、向侧跑等手段，扩大进攻面，经过传球的过渡，寻找向前突破的机会切入对方的罚球区。

2. 接应训练

接应训练中需要充分强调距离、角度等相关因素。

（1）距离。无球与持球队员间的接应距离与所在场区、比赛场的条件、对方的防守压力有着直接、紧密的联系。接应距离的最终选择也离不开球员的个人习惯。

（2）角度。接应过程中角度的选择应便于传球、接球。接应球员应根据对手的站位对接应角度进行调整，使双方能顺利完成接应。

接应训练通常以两人为一个小组，持球者站在一定点位将球射向任一方向，无球球员根据足球的射出方位快速跑动以便接球。

3. 运球突破训练

在没有射门机会的情况下，球员主要通过假动作、过人的技术、非凡的速度进行运球突破。控球球员在面临对手紧逼、失去射门机会时，应果段采取运球突破，等待机会。在球门前面临找不到好的传球选择时，应果断采取运球突破，直接射门。在进行运球突破训练时，需要注意以下几方面的内容。

（1）加强重心移动练习。在运球突破过程中，持球球员需要保持良好的个人平衡并做到重心的快速切换，训练时应加强重心移动练习，使运动员在运球过程中准确把握自己重心位置的变化。

（2）将控球练习与运球突破练习相结合。运球突破的成功需要以良好的控球能力为前提。

（3）注重各运球突破技术的灵活运用。

4. 传球训练

传球是全队进攻战术的基础，通过传球能够有效组织进攻，进行战术切换。传球的方法有很多，衡量一个人的传球技能和战术意识通常以传球目标的选择、传球时机的把握、传球力量的控制、最终落点的选择为标准。在传球训练的过程中,需要充分重视上述提到的四个衡量标准。

(1)传球目标的选择。进攻球员应该根据场上情况将球传到对方防守的薄弱区,通过多次传球把球传到目标区域(图4-6)。

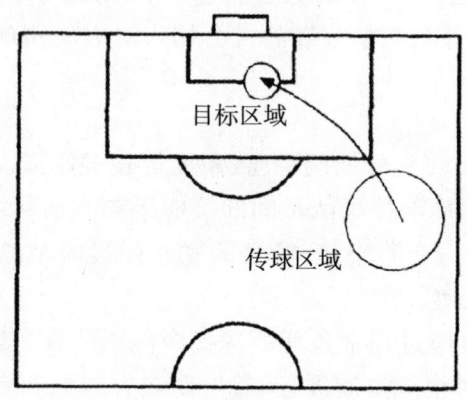

图4-6 传球区域与目标区域示意图

(2)传球时机的把握。同伴有意识并且有极大可能将球传到有利位置的时机是最佳时机。

(3)传球力量的控制。球员应用适当的力量控制球的运行速度、轨迹。

(4)最终落点的选择。最终球的落点要准,落点位置的选择要有助于接下来的进攻。

(二)局部配合进攻战术训练

局部配合进攻是最为常见的进攻战术。全队的战术配合是由局部配合组成的,局部配合是球队进攻战术的基础,在开展进攻战术训练时,应该把局部配合进攻训练放在非常重要的位置。

局部配合一般指2—3人的小组配合,其中二过一配合几乎出现在任何一场足球比赛中。局部2—3人的默契配合反映了战术配合的质量,体现球队战术配合的水平。

在两人配合的基础上,出现了三人配合的形式。三人中其中一名无球队员进行拉空,混淆对方视线并给另一名本球队无球队员利用空当创造机会,持球队员把握时机,及时传球给无球队员,给予致命一击。此战术需要把控好传球的时机,看重运动员之间的默契程度。

第四章 足球后备人才战术能力训练

接下来介绍部分局部配合进攻战术的训练内容。

1. 交叉掩护配合训练

交叉掩护配合指两名进攻球员在局部区域内交叉换位时,以身体为掩护,越过对方防守球员的方法(图4-7)。交叉掩护配合训练要求两名进攻球员积极呼应,形成默契,充分发挥一对一的能力,注意观察球和对手的位置。

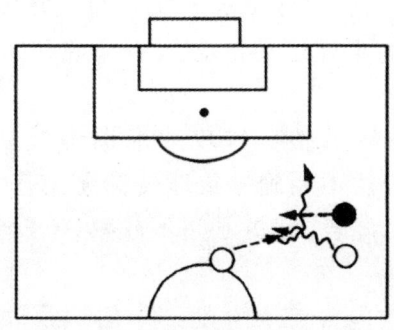

图4-7 交叉掩护配合示意图

2. 传切配合训练

传切配合指控球球员将球传给切入的进攻球员的方法。传切配合训练一般包括局部传切配合训练和长传转移切入训练两种。

(1)局部传切配合训练。按照不同的传切路线可分为斜传直切二过一和直传斜切二过一(图4-8)。局部传切配合训练需要两名球员保持距离,控球队员要利用各种假动作给对方球员造成错觉,切入的进攻球员需要在不越位的情况下,保持动作敏捷、迅速。

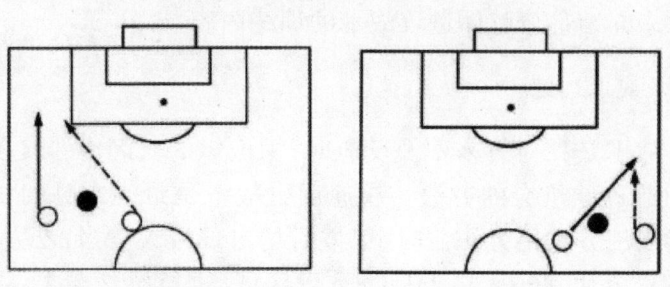

图4-8 斜传直切二过一(左)和直传斜切二过一(右)

（2）长传转移切入训练。当一侧进攻受阻时，持球球员长传将球转移到另外一侧，切入球员到位接球，展开进攻。

（三）整体进攻战术训练

整体进攻战术指全队球员为获取比赛胜利采取的各种进攻行动、方法的总称。在2006年的世界杯比赛中，多个优秀球队采用熟练的整体进攻战术战胜了对手。球队的整体实力与本球队的战术文化、集体力量密切相关，足球后备球员战术能力的提升离不开对整体进攻战术进行训练。优秀的足球运动员必须要了解和掌握先进的整体进攻战术。

目前，我国足球队的整体进攻战术训练计划性不强，缺乏系统性。教练员对战术打法不明确导致球员像无头苍蝇一样，在比赛过程中缺乏有组织的战术配合，球员之间不成熟，不默契，没有自己球队的特色。

一次完整的进攻包含三个阶段：发动阶段、发展阶段、结束阶段。常见的整体进攻战术有三种，分别为密防反击进攻战术、逐步进攻战术、压迫式进攻战术。

（1）密防反击进攻战术：大量球员把守在后场进行密防，再等待合适的时机，达到偷袭成功的目的。此方法常见于弱队与强队的比拼或进球方旨在保住领先优势时使用。

（2）逐步进攻战术：球员间通过密切的短传配合，向前慢慢推进，从后场到中场再到前场。

（3）压迫式进攻战术：在中、前场投入较多人力，在前场积极抢断球，提升射门次数和进球率。此战术对球员的各种素质要求较高，不仅需要有较高的体能和意志，还需要有高超的技术。

接下来介绍部分整体进攻战术的训练内容。

1. 快攻战术训练

快攻战术是在对方来不及反应时，用极短的时间由守转攻，通过快速配合创造进球机会的方法。快速反击战术是最为常见的快攻战术。通常是指当乙方被甲方压制时，甲方后场出现较大空当，乙方抢球成功后，抓住时机，快速进入甲方后场空虚区域，进行突然袭击。快攻战术通常要做到出其不意，其战术训练主要采取以下三种形式。

第四章　足球后备人才战术能力训练

（1）守门员快速传接训练。当对方球员压在我方球门前时，守门员找准时机获球后，迅速用脚将球踢给对方后卫线附近的我方进攻球员，或用手将球抛给处在中场的我方球员，守门员的快速反应能为球队带来快速进攻的机会。

（2）快速截球训练。球员在中前场快速截下对方球员脚下的球后发起突然进攻。

（3）快速罚球训练。在获得任意球机会时，进行快速罚球也是创造快速进攻机会的好办法。

2. 阵地进攻战术训练

（1）边路传中训练。边路传中的进攻从对方半场两侧发动，并将球传到禁区内制造射门机会。边路传中训练需要锻炼球员抓住以下时机。

①对方禁区内有较大空当出现时，我方球员顺利切入禁区内部。
②我方球员包抄到位。
③对方球员快速出击但没有进行合理位置选择。
④突破边后卫防守，而中后卫还未及时赶到封堵传中路线。

（2）中路渗透训练。中路渗透训练涉及中路渗透的三种形式。

①前场发动进攻：利用前锋回撤后形成的空当实行反切插入，或由前卫、后卫插入。
②中场发动进攻：前卫队员在中场采用短传配合的方式发动进攻，并使用多种"二过一"战术攻破对方防守。
③后场发动进攻：主要包括守门员发动进攻和后卫发动进攻两种。

（3）中边转移训练。中边转移能够有效打乱对方防线，赢得进球时机。通常情况下，球队将大量攻守球员放在中路，阻碍中路渗透的进攻，因此，中路进攻在受到阻碍时，应及时向边路转移，再由边路突破转向中路进攻（图4-9）。

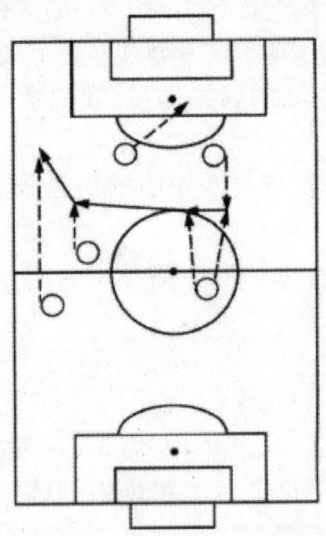

图 4-9　中边转移示意图

二、防守战术能力训练

防守战术通常分为个人防守战术、局部防守战术、整体防守战术。相关战术能力的提升需要分别开展不同类型的训练，涉及不同的训练内容。

(一)个人防守战术训练

个人防守战术的关键在于防守队员进行选位和盯人。其成功取决于盯人的及时性和准确性。

1. 选位训练

选位指防守球员对场上局势进行分析后，选择恰当防守位置的动作。选位要求防守球员在本队失球后迅速回位，站在对方进攻球员与我方球门的连线上。合理的选位有助于个人实施防守行动，有助于整体布局的合理性。在选位过程中，最看重球员由进攻转向防守的转换意识和整体防守意识。

2. 盯人训练

盯人指在合理选位后,防守球员采用各种方式限制对手的活动,对对手实行严密监控的动作。盯人训练中应该提醒盯人球员注意以下几点内容。

(1)在盯人时应保持注意力高度集中,最好能够做到提前干扰被盯者。

(2)除了在固定区域内紧盯住对手外,要培养补漏意识。

(3)提升自身随机应变的能力,谨慎小心地使用抢截技术,减少失误。

3. 抢截训练

抢截指防守者综合运用多种手段,把持球者脚下的球破坏掉或抢过来,或在对方进行传球的过程中将球截下的动作。抢劫训练应该注重激发球员的攻击性与主动性,并提醒球员在抢截过程中注意以下几点内容。

(1)不同类型的抢截动作(包括前断截球、抢断球等)应与具体场合相适应。

(2)抢截前对场上形势做出预判,规划未来行动。

(3)抢截切忌犹豫不决,错失良机。在决定进行抢截行动时果断出击,一旦抢截失败,应迅速进行追抢或回到自己原有位置上。

(二)局部配合防守战术训练

局部配合防守战术指局部区域中几名球员进行相互保护、夹击、围抢等。其成功取决于配合的协调性。

1. 保护训练

保护指在同伴对对方球员进行防守时,利用自己的有利位置协助其防守的活动。保护不仅为同伴提供行动上的支持,还促进同伴在没有顾虑的情况下全力逼抢。若同伴顺利将球夺回,保护队员能快速接应,发动进攻。若同伴没能将球夺回,保护队员也能够阻碍、封堵对方的进攻。在保护训练过程中应采用斜线站位,保证我方防守战线的稳固。

2. 补位训练

补位指同伴在防守中出现漏洞时,防守队员及时采取弥补措施,进行协同配合的活动。在补位训练中,教练要着重强调以下几点。

（1）防守队员需要对场上队形保持关注,避免我方球队在危险区域内出现空当。

（2）充分了解我方防守队员的实力,当防守队员能追上对手时,无需采取补位措施和交换防守。

（3）找临近同伴进行补位,限制补位球员的数量,避免阵型混乱。

3. 围抢训练

围抢指在局部区域进行防守时,多名防守球员同时参与对对方控球队员的围堵、抢断等。在球场中,实施围抢最有利的位置在半场的两底角和中场的边线附近。进行围抢训练时,教练员需要强调以下几点。

（1）在局部区域防守人数占优的情况下实施围抢,要保证各防守球员的战术思想统一。

（2）把握围抢时机。在对方球员进攻速度缓慢、局部配合过多时组织围抢,或在对方球员缺乏接应球员和合适的传球路线时组织围抢,或在守方门前进行运球、射门时组织围抢。

（三）整体防守战术训练

整体防守战术分为以下三种类型。

（1）盯人防守。场上一名球员紧盯一个对手(除拖后中卫外),不给对方球员进球的机会。

（2）区域防守。每名防守球员负责一块固定区域,一旦区域内进入对方球员,就将其死死盯住。但此战术不适用于同一时间有多名球员进入同一区域的情况。

（3）混合防守。盯人防守与区域防守相结合。在足球比赛中,通常要对中间要害区、持球人进行重点关注,采用盯人防守。对其他区域和非持球人进行区域防守。拖后中卫则多采用保护防守。

整体防守战术训练可采取七人区域无对抗的防守练习或有人对抗的盯防练习,后者一般指六攻七练习,进攻方利用套边、灵活跑位进行进攻;防守方积极抢断。

在整体防守战术训练过程中,需要注意以下几点。

（1）充分利用人盯人防守战术培养每位防守队员的个人作战能力。

（2）培养防守球员的默契度。区域或整体防守极其重视防守队员的配合、强调整体感。

（3）通过一系列的奔跑、逼抢练习增强防守球员的体力素质。

三、战术意识相关训练

战术意识反映了足球运动员在运用战术时的心理活动，体现了人的思维意识、战术思维能力、战术设定。战术意识作为一种宝贵的经验，起着反馈、支配的作用，能够帮助球员在比赛过程中根据实际情况选择战术，充分发挥战术能力。足球运动员的战术意识是在长期专门的训练过程中培养起来的，需要不断进行意识上的训练。

可采取以下几种方法培养足球后备人才的战术意识。

（1）观看比赛录像。教练员应注重对经典比赛的分析讲解，组织运动员和足球后备人才观看比赛录像，从中总结出有效的战术方法，把握顶级球员的战术意识，激发自身的战术思想。

（2）鼓励球员理解战术，发挥战术水平。足球运动员需要经过一次次比赛的磨炼，逐渐形成自身特点并进行创造性的发挥。教练员应在意识训练过程中鼓励运动员多多进行即兴发挥，多思考、多动脑，寻找问题，解决问题。鼓励提出多种有创造性的配合战术，再因势利导，使球员理解战术的基本原则。面对违反战术要求的运动员，应该耐心听其想法，告知其错误之处；面对呈现出精彩配合的运动员，应该加以表扬，带领全队认真分析，培养好的战术意识。

第三节　足球后备人才战术训练实操

在足球战术训练过程中，首先要进行一段时间的热身练习，通过做足球操等活动，充分活动头、肩、各关节等身体部位，防止球员在运动过程中受伤。正式的足球战术训练种类非常之多，教练员会对球员实施各种各样的实操活动。本节选取和简单介绍几种最为常见的足球训练实操项目和相关内容，希望对广大足球后备人才有所帮助。

一、跑位训练实操

(一)跑空当

跑空当指球员突然开始跑动,摆脱防守者,在空位进行接应的动作。球员在比赛中进行跑位时要灵活多变,根据场上变化选择接应空当。在训练时,需要充分锻炼球员的反应力和观察力。例如,球员 A 在进行跑空当练习接应球员 B 的传球时,既可选择向上接应,也可选择向下接应(图 4-10)。

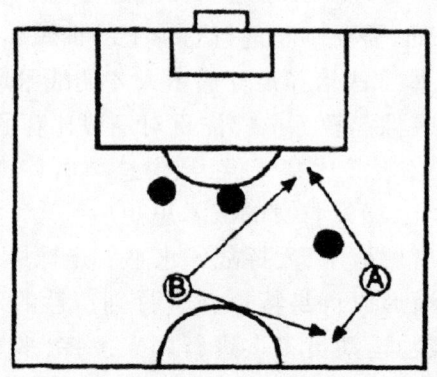

图 4-10　两人跑空当训练

还可增加一名球员进行三人跑空当训练。当球员 A 在跑空当接应练习中发现同伴球员 C 跑向与自己选择空位相同的位置,应该立即改变跑位方向,跑向另外的空位接应球员 B 的传球(图 4-11)。

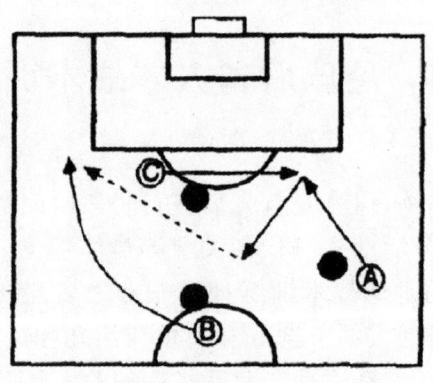

图 4-11　三人跑空当训练

第四章 足球后备人才战术能力训练

（二）跑第二空当

直接空当接应适用范围有限，在赛场上若遇到对手紧逼的情况，往往采取跑第二空当。通常三人为一个小组进行跑第二空当训练。球员 C 在向后回接的同时扯出身边的防守球员，球员 A 见状突然启动，跑向球员 C 扯出的空当，摆脱身旁防守球员的盯防，同时接到球员 B 的传球（图 4-12）。

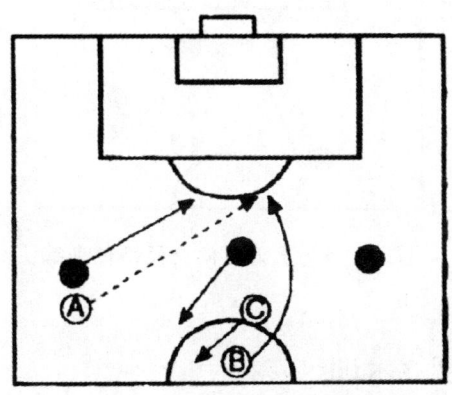

图 4-12　三人跑第二空当训练

（三）交叉换位跑动

交叉换位跑动往往会引发对方防守阵型的混乱，从而达到顺利接应的目的。训练实操中常分为横向、纵向交叉换位跑动两种。

球员 A 与球员 B 进行横向交叉换位，球员 A 顺势接住球员 C 的传球（图 4-13）。

图 4-13　三人横向交叉换位训练

球员 A 与球员 B 进行纵向交叉换位,球员 A 顺势接住球员 C 的传球(图 4-14)。

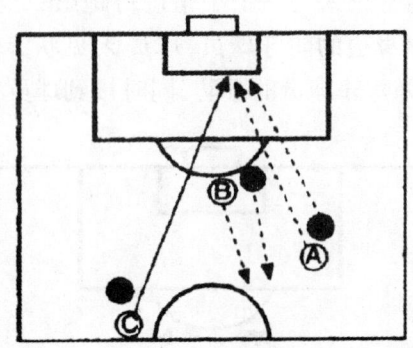

图 4-14 三人纵向交叉换位训练

二、局部配合战术训练实操

(一)"二过一"配合

"二过一"配合是局部配合战术中的基础,要想配合成功需要把握好第一传的时机、距离,争取第一传将球传到接应者的脚下,与此同时,第二传不要犹豫、停顿,直接将球传出,在传球时争取做到力量适当,传地滚球。

(1)传直线"二过一"训练。训练以三人为一个小组,9 号、10 号球员为进攻球员,10 号球员将球传给 9 号球员后,快速跑动并插入防守 2 号球员的后面,接 9 号队员的传球(图 4-15)。

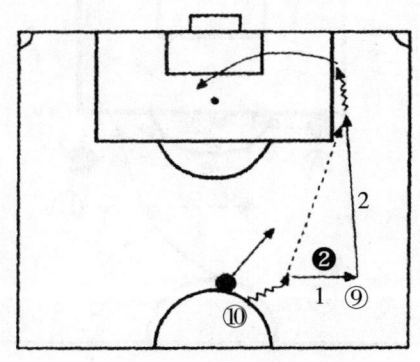

图 4-15 传直线"二过一"训练

第四章 足球后备人才战术能力训练

（2）偏重一边"二过一"训练。此训练通常为攻守训练且攻守双方人数一致。以三对三攻守训练为例，三名进攻球员为突破整个防线可偏重一边进行"二过一"突破，9号与10号球员先对防守球员者进行"二过一"突破，8号进攻球员随即插上，接住10号球员的传球后大力射门（图4-16）。

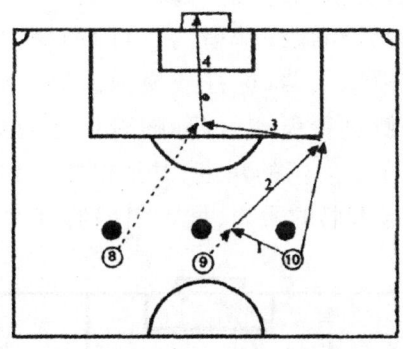

图4-16 偏重一边"二过一"训练

（二）"三过二"配合

"三过二"配合指局部地区三名进攻球员经过多次传球配合，越过两名防守球员的活动。三人中至少有一名进攻球员应该充分跑动牵制住一名防守球员，为剩下两名进攻队员创造条件。常见的训练走位如图4-17所示，2号进攻球员将球传给8号，7号球员迅速里插牵制4号防守球员，8号看准时间，将球斜传至4号球员背后，2号进攻球员直插接球。

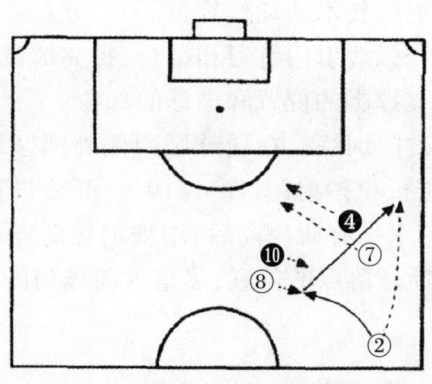

图4-17 "三过二"配合训练

三、定位球战术训练实操

（一）任意球攻守战术实操

1. 进攻战术实操

（1）罚球弧附近任意球直接射门训练。因为处于罚球弧附近，所以在罚球弧附近进行大力和弧线球射门，射门的命中率较大。距射门地点9米处，设标杆或模拟人墙，标杆或模拟人墙中间留有空当，从空当中进行大力射门，两侧进行弧线射门，随着技巧的提高，可以逐渐地增加防守人数，不断地变换射门的角度，并逐渐加大射门的力量和射门的距离，以及逐渐缩短与人墙的距离，增加射门的难度（图4-18）。[①]

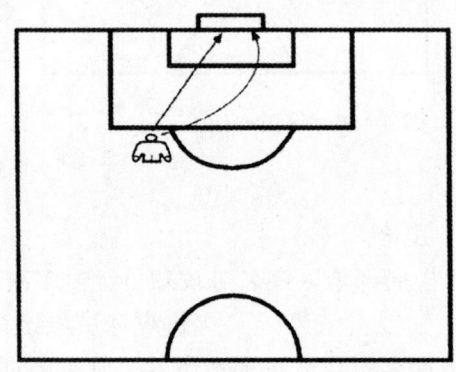

图4-18　任意球直接射门训练

训练旨在培养射门选手的射门技术，需要遵循以下要求。
①了解与掌握射门技术的动作规范。
②将大力射门与弧线射门练习相结合，提高球员射门的命中率。
③注意射门时支撑脚的位置和击球的部位。

（2）传球配合射门训练。在罚球区两侧外围区域传弧线球到三个攻门区域，让同伴进行包抄射门（图4-19）。开始进行训练时可不设防守球员，待球员射门水平有所提高后，增加消极防守球员。射门球员在训练过程中需要判断球落点的位置，尽量射向球门的远角。

---

① 王民享,吴金贵. 现代欧美足球训练理念与方法[M]. 北京：北京体育大学出版社，2006：87.

第四章　足球后备人才战术能力训练

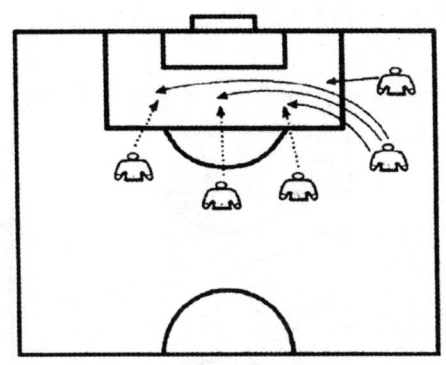

图 4-19　传球配合射门训练

（3）罚球区内二点射门训练。球员位于罚球区两侧外围或边线位置进行传中，配合抢点射门。10 号球员作为进攻球员，当进行传中时，10 号先跑到同侧射门区抢点，随后向后蹭顶球，8 号球员则立刻抢二点射门（图 4-20）。在练习过程中，需要注意传球队员间的配合，利用守门员的防守空当，将球顶射入门。

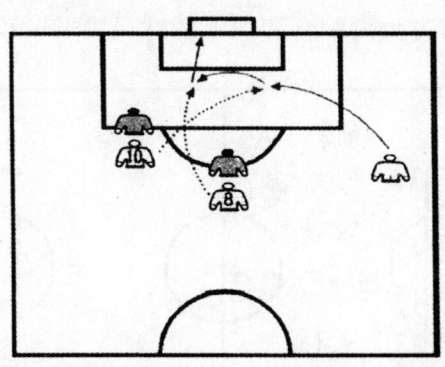

图 4-20　罚球区内二点射门训练

2.防守战术实操

（1）全队防守训练。除了挡墙球员外，其他球员全部回防，在人墙两侧盯人防守。射门球员在训练时可不断改变罚任意球的位置。进行防守的挡墙队员应该事先按照任务要求安排好站位，当对方球员进行射门时，人墙千万不能散。当离球近的防守球员封堵住罚球时，其他球员需要在极短时间内做出反应，快速回位（图 4-21）。全队在进行任意球防守时,应保证所有防守队员思想与行动上的统一。

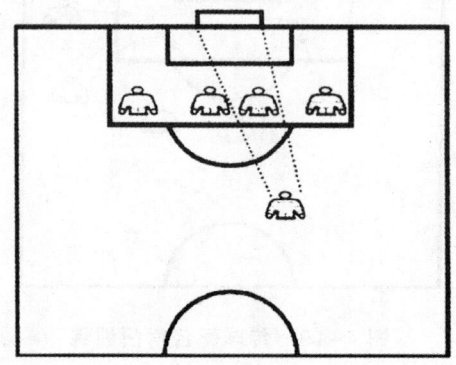

图 4-21 全队任意球防守训练

(2)罚球区附近任意球攻守训练。在半场内进行模拟比赛练习(11人对11人),教练员利用哨声暗示任意球的判罚,防守球员在听到哨声后,要紧逼对方发球球员,限制对方活动,避免其快速发球,其他队员按照事前布置好的挡墙方案迅速回防,组织防守。与此同时,不作为挡墙的队员需要盯紧对方负责配合和切入的球员(图 4-22)。

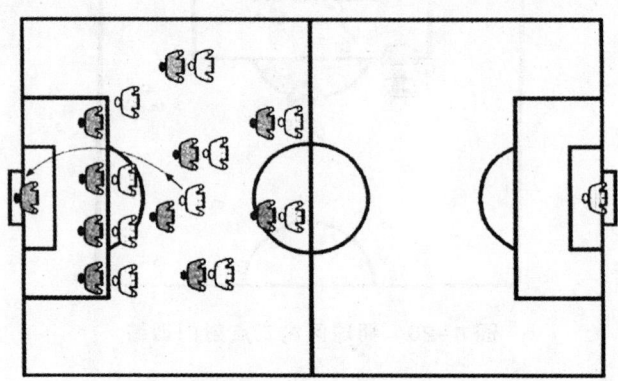

图 4-22 罚球区附近任意球攻守训练

(二)角球攻守战术实操

1.进攻战术实操

(1)短角球训练。训练通常采用无防守队员的实操练习。当球被

7号队员传向前点,10号队员迅速跑到前点进行假顶球,身后的9号队员接球后进行抢点射门(图4-23)。当各球员熟悉训练内容后,可适当增加几名消极防守人员。在训练过程中,各球员要培养配合的默契度,把握好传球的力量,规划好传球的实际落点。

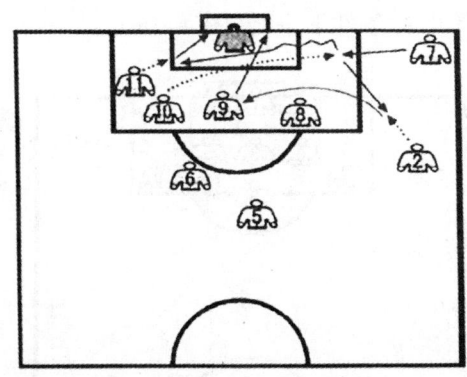

图4-23 短角球训练

(2)短传角球配合训练。在半个球场内进行攻守比赛练习,其中包括一名守门员。作为进攻的球员经过一系列短传配合后,采取传中包抄射门,尽量射向球门两角。作为防守的球员在抢到球后,将球破坏或传给场边的教练员(图4-24)。比赛双方均有十次进攻的机会,获胜方为进球数量多者。

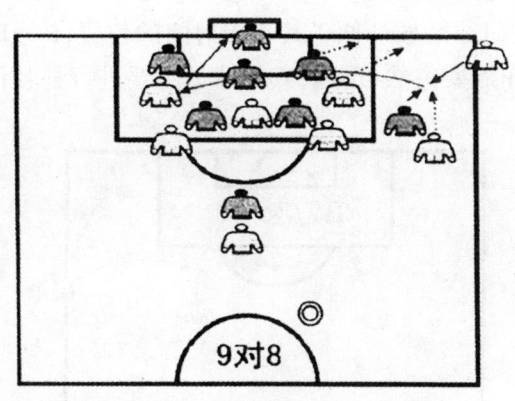

图4-24 短传角球配合训练

2. 防守战术实操

教练员对基本位置进行分工,明确各位置的具体职责,防守球员按照要求站好,教练员传球给每一位球员,使球员进行争顶、争抢两点球等多项技术动作,球员应在训练过程中判断争顶时间和球的落点位置。训练可在无对抗、消极对抗等多种条件下进行(图4-25)。

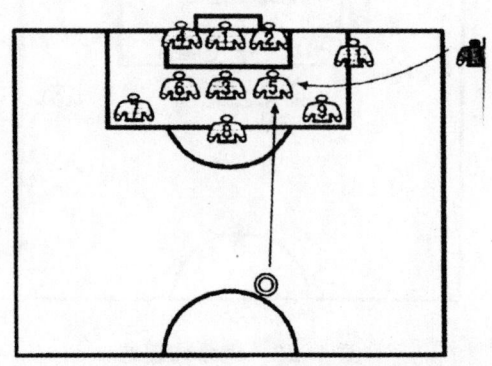

图 4-25 角球防守基本站位训练

(三)掷界外球攻守战术实操

1. 进攻战术实操

(1)掷界外球配合射门训练。2号球员观察5号球员所在的位置,掷远球到同侧门柱罚球区域外便于其直接射门的位置,5号球员向前插入进行射门,插入动作需要突然、迅速,其他球员主要进行补救任务(图4-26)。

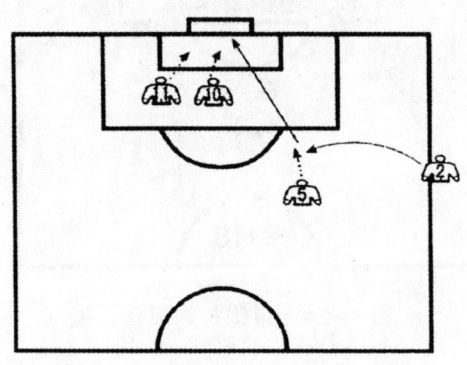

图 4-26 掷界外球配合射门训练

第四章 足球后备人才战术能力训练

（2）混合配合掷界外球训练。进行4对4半场掷界外球攻守比赛训练，每队可采用掷界外球配合突破射门进攻十次，进攻过程中被防守队抢断球或射门没中算失败一次，获胜方为进球数量多者（图4-27）。

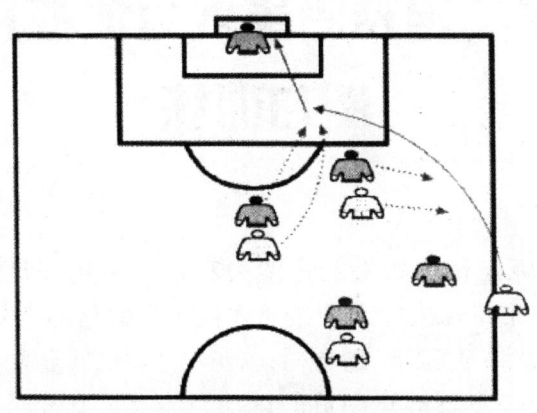

图4-27 混合配合掷界外球训练

2.防守战术实操

在半个球场内进行5对5的攻守练习，进攻球员运用多种掷界外球战术配合射门，防守球员则要注意移动与盯人防守，充分把握抢断球的时机，防止对方进球。进攻球队失误后，防守互换，进球多的球队获胜（图4-28）。

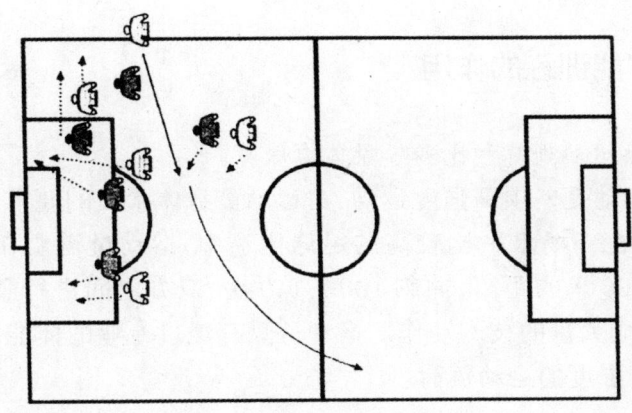

图4-28 混合进攻防守训练

第五章 足球后备人才体能及心智能力训练

我国在国际足球比赛上的连续失利暴露了我国足球人才缺失的事实,而培养一个足球人才必须按照现代科学的培养方式,不仅需要关注运动员的体能体质问题,还要对运动员的心理问题加以关注并予以干预,同时还要注意培养运动员的运动智能。只有经过全面培养的足球运动员,才能成为真正的足球人才。本章从体能素质训练、心理素质训练、智力素质训练三个层面,具体阐述了足球运动员运动训练的相关事项。

第一节 足球后备人才体能素质训练

一、体能训练的作用

(一)为运动训练和比赛提供体力保障

足球运动是一项高强度运动,对运动员身体素质的要求非常严格。数据显示,在一场水平比较高的足球比赛中,运动员需要在赛场上跑8000—14000米的距离,冲刺100—140次,双方之间进行争抢300多次,还要完成大量的技术动作。运动员只有经过专业的体能训练,才能适应这种高强度的运动负荷。

(二)为难度技术提供物质条件

运动员在进行身体训练的过程中锻炼了机体各器官的协调发展能

力,使身体各器官、各机能能够协调配合,为运动员学习难度技术提供了身体条件上的支持。

（三）锻炼运动员的意志水平

体能训练是一个非常艰苦的过程,需要运动员不断挑战自我,打破身体所能够承受运动负荷,走出舒适区。运动训练的过程中,运动员还难免会遇到情绪低落,身体受伤等问题,而克服这些问题,继续坚持训练,需要运动员具有非常强大的意志水平。体能锻炼的过程也是锻炼意志力的过程,优秀的运动员们大都具备超高的意志水平。

（四）避免和减少运动损伤

运动员在进行体能训练的同时,身体的协调能力、反应能力和灵敏度也随之加强。这些能力的增强说明运动员更加懂得如何使用自己的身体,能够保证自己身体的各个部位在训练和比赛中协调配合,快速反应,对于减少和避免运动损伤具有非常重要的帮助。

（五）延长运动寿命

运动员的体能素质是保证其参加运动比赛的最基本也是最重要的条件,体能的下降不仅会导致其比赛成绩下降,严重的情况下还将使其无法继续运动生涯。而进行体能训练,提高自己的身体素质和体能水平,能够延长运动员的运动寿命。

二、体能训练的原则

（一）身体训练系统化

运动员的体能训练具有系统化的特征。首先,运动员体能的提高是一个循序渐进的过程,运动员只有完成每一个阶段的训练任务,使自己不断适应更高水平的运动负荷,身体的承受能力才会在不断的积累中变得更强,体能水平才能提高。其次,身体的各项素质是相互联系、相互影响的,体能增强的过程是一个身体各项素质共同提高的过程。比如,在足球比赛中想要提高速度素质,就要以反应能力的增强为基础;想要提升力量素质,就要以身体耐力素质的提升为基础。因此,在制订运动训练计划的过程中,既要遵循体能增长的客观规律,设置由简单到困难、由少量到多量的训练任务,还要同时注意兼顾不同的身体素质的训练,通过各项身体素质的相互促进作用提升整体的体能水平。

(二)紧密结合运动专项

运动项目的体能训练除了要进行普遍的力量素质、速度素质、反应能力、协调能力等训练,还要根据每个运动专项具体技能要求的不同进行相应的调整,结合运动专项的特点进行训练。比如在足球运动的体能训练中,就要对足球运动对人体机能、肌肉主要用力部位及其耐力水平的要求等进行分析,设置针对这些能力要求的训练计划。一般的身体训练和专项身体训练是一般和特殊的关系,一般的身体训练是体能训练的基础,专项身体训练在进行一般的身体训练的基础上将其细分,从中找出运动专项所侧重的部分,进行更加深度的练习。在制订体能训练计划的过程中,既要保证运动员能够进行全面的身体素质训练,又要有所突出,对运动专项侧重的能力加强训练。

(三)科学地控制运动负荷

通过改变对运动员机体施加的运动负荷的量、度以及它们的组合方式,以达到刺激运动员的机体,提高运动员的机体负荷承受能力的目的,是足球运动体能训练中的重要内容。训练中运动负荷量和负荷强度以及它们的组合方式、负荷中所含因素的变化,会使负荷的性质发生变化,产生不同的运动效果。因此,在运动训练过程中要对运动负荷进行严格把控,根据运动员个人条件的不同,以及体能发展的客观规律,科学地安排运动负荷。

(四)重视恢复性训练

现代的训练恢复已成为教练员普遍关注的问题,而且把它制订在训练计划之中,从实际训练效果看,只有恢复得好,才能投入下一次强度课,而且连续接受一定强度的课,对机体的改造极为有利,并能保证在比赛中有充沛的体能。因此忽视课后恢复,势必会影响训练效果。一般常采用的恢复手段有淋浴、按摩、特定的营养等,以及通过转移训练环境,调节负荷强度,可达到课后加速身体恢复的目的。

三、体能训练的基本内容

体能是身体形态、机体机能和运动素质三个内容的总称。其中,身体形态指的是身体所表现出来的外部形状,比如身高、体重、四肢长度等;机体机能指的是身体的各个部位和各个器官之间表现出来的能力,比如身体关节的灵活性、身体肌肉的柔韧性等;运动素质是指身体表现出来的和运动有关的能力,比如身体的跳跃、跑步等能力。这三个方面的内容共同构成了整体的身体体能,三者之间是相互联系、相互影响的关系,其中一个因素的变化,也会导致另外两个因素的变化。

从体能训练的角度上看,运动员的机体机能和运动素质是体能训练的主要内容,表 5-1 从这两个方面揭示了体能能力的四级层次要素关系。

表 5-1 体能能力四级层次要素内容结构[①]

一级层次	二级层次	三级层次	四级层次
体能	机体机能	神经系统	灵活性 稳定性 高强性
		肌肉系统	速度性 协调性 精细性
		能量系统	无氧性 有氧性 混合性

[①] 杨卓. 现代运动训练内容分析与创新方法研究 [M]. 北京:中国商务出版社,2017:102.

续表

一级层次	二级层次	三级层次	四级层次
体能	运动素质	力量素质	最大性 爆发性 持久性
		速度素质	反应性 速度性 持久性
		耐力素质	短时性 中时性 长时性
		灵敏素质	协调性 应变性 及时性

四、体能素质训练方法

（一）起动速度练习

1. 特点

这种练习方法的特点是练习的强度非常大，但是练习持续的时间非常短，练习中间的休息时间充足。

2. 练习方法

（1）2人一组，教练传球，2人起动跑去接教练手中传出来的球，接到球后开始球门防守或者进攻任务。

（2）每次练习的时间为1—2秒钟，跑动的距离大概为5—10米，每次练习之间的间歇时间为30秒钟；8—10次练习为一组，每完成一组练习之间的休息时间为4分钟，每次大概练习2—4组。

该练习的各种控制指标如表5-2所示。

表 5-2　控制指标数据[①]

步骤	距离/米	重复次数	组数	间歇/秒	组间间歇/分
1	5	8	2	30	4
2	5	9	2	30	4
3	5	10	2	30	4
4	5	8	3	30	4
5	5	9	3	30	4
6	5	10	3	30	4
7	5	8	4	30	4
8	5	9	4	30	4
9	5	10	4	30	4
10	10	10	4	30	4

（二）起动和加速跑练习

1. 特点

这种练习方法的特点是练习的强度非常大，练习持续的时间比较短，练习中间的休息时间非常充足。

2. 练习方法

（1）2人一组，教练传球，2人起动跑去接教练手中传出来的球，接到球后开始球门防守或者进攻任务。

（2）每次练习的时间为2—6秒钟，跑动的距离为15—40米，每次练习之间的休息时间为1分钟；4—6次练习为一组，每组练习之间的休息时间为4分钟，每次练习1—2组。

该练习的各种控制指标如表5-3所示。

[①] 曲晓光. 现代足球训练理念诠释与应用 [M]. 广州：华南理工大学出版社，2009：46.

表 5-3　控制指标数据[①]

步骤	距离／米	重复次数	组数	间歇／分	组间间歇／分
1	15	4	1	1	4
2	15	5	1	1	4
3	15	6	1	1	4
4	15		2		4
5	15	5	2	1	4
6	15	6	2	1	4
7	20	6	2	1	4
8	25	6	2	1	4
9	30	6	2	1	4
10	35	6	2	1	4
11	40	6	2	1	4

（三）反复快速冲刺跑练习

1. 特点

这种练习的特点是强度非常大，练习持续的时间比较短，练习之间的休息时间也比较短。

2. 练习方法

（1）2人一组，教练传球，2人起动跑去接教练手中传出来的球，接到球后开始球门防守或者进攻任务。运动员分成两个组，循环进行两个方向的练习，两组同时相对进行练习。

（2）每次练习持续的时间为2—4秒钟，运动员跑动的距离为15—25米，每次练习之间的休息时间为10秒钟；6—10次练习为一组，没完成一组练习之间的休息时间为4分钟，每次进行2—4组练习。

该练习的各项控制指标数据如表5-4所示。

[①] 曲晓光. 现代足球训练理念诠释与应用[M]. 广州：华南理工大学出版社, 2009：48.

表 5-4 控制指标数据[①]

步骤	距离/米	重复次数	组数	间歇/秒	组间间歇/分
1	15	6	2	10	4
2	15	7	2	10	4
3	15	8	2	10	4
4	15	9	2	10	4
5	15	10	2	10	4
6	15	7	3	10	4
7	15	8	3	10	4
8	15	9	3	10	4
9	15	10	3	10	4
10	15	8	4	10	4
11	15	9	4	10	4
12	15	10	4	10	4
13	20	10	4	10	4
14	25	10	4	10	4

(四) 间歇练习

1. 特点

练习的强度比较大,练习持续的时间比较长,练习中间休息的时间非常充足。

2. 练习方法

(1) 练习的人数为 6 人,分成 2 个小组,练习的场地面积为 30 米 × 35 米,2 个小组进行小场地比赛模式的练习。

(2) 一次练习的时间为 1—3 分钟,中间休息的时间也为 1—3 分钟;6—10 次练习为一组,每组练习之间的休息时间为 4 分钟,一般每次进行 2 组练习;注意练习时的心率强度大概为 170—180 次/分。

---

① 曲晓光. 现代足球训练理念诠释与应用[M]. 广州:华南理工大学出版社,2009:48.

该练习方式的各项控制指标如表 5-5 所示。

表 5-5　各项控制指标 [①]

步骤	时间 / 分	重复次数	组数	间歇 / 秒	组间间歇 / 分
1	1	6	2	3	4
2	1	6	2	2.5	4
3	1	6	2	2	4
4	1	6	2	1.5	4
5	1	6	2	1	4
6	1.5	6	2	1	4
7	2	6	2	1	4
8	2.5	6	2	1	4
9	3	6	2	1	4
10	3	7	2	1	4
11	3	8	2	1	4
12	3	9	2	1	4
13	3	10	2	1	4

第二节　足球后备人才心理素质训练

一、心理素质概述

（一）心理素质的概念

运动员的心理素质,就是运动员与训练竞赛有关的个性心理特征,以及依据训练竞赛的需要把握和调整心理过程的能力,是运动员竞技

---

① 曲晓光. 现代足球训练理念诠释与应用 [M]. 广州：华南理工大学出版社,2009：50.

能力的重要组成部分。[①]

(二)心理素质与体能、技术战术能力的关系
（1）在足球运动训练中,当一名运动员具有良好的心理素质时候,整个运动训练的效率都会提高,即良好的心理素质能够帮助提高运动员体能训练、技术和战术训练的效率。在足球比赛中,良好的心理素质能够帮助运动员保持旺盛的精力,降低运动员的体力消耗量;良好的心理素质还有助于运动员在赛场上保持平稳积极的心态,增加其超长发挥的可能性。
（2）运动员的心理素质和其体能、技战术能力是相辅相成的关系,三者缺一不可。其中,运动员的体能和技战术能力是运动员心理素质的载体,运动员的心理素质通过体能和技战术能力体现出来;同时,高水平的体能和技战术能力又反过来能够促进运动员形成良好的心理素质。只有三者协调发展、相互促进,才能真正提高运动员的运动技能。

二、心理素质训练的含义和目的

(一)心理素质训练的含义
心理素质训练就是指在运动训练的过程中,教练员采取一定的方法,有意识地对运动员的心理状态进行干预训练,引导运动员养成良好的心理素质,形成进行自我心理调节能力的过程。

(二)心理素质训练的目的
对运动员进行心理素质训练,就是要帮助运动员形成良好的心理调节能力,使其能够迅速地从消极的情绪状态中转移出来,不影响其运动训练的效率以及比赛时的正常发挥。

[①] 肖涛,孔祥宁,王晨宇. 运动训练学[M]. 重庆:重庆大学出版社,2016:76.

三、心理素质训练的内容和类型

（一）心理素质训练的内容

1. 基础心理素质训练

基础心理素质训练是指针对运动员从事某项专项运动所必需的一般心理素质展开的训练，比如对运动员进行的的职业道德培养、道德品质教育、基础心理调节方式教学等。

2. 针对性的心理素质训练

针对性的心理素质训练主要就是针对不同的训练阶段开展的心理素质训练，比如在重要比赛之前对运动员进行赛前心理动员，在比赛结束之后为运动员进行心理调整，在运动员出现心理障碍的时候对运动员进行心理恢复训练等。

（二）心理素质训练的类型

1. 根据心理素质训练和比赛的关系进行分类

（1）日常心理素质训练

日常运动心理素质训练的目的是为了帮助运动员发展自身的心理技能，引导运动员改变阻碍提高自身运动技能的心理思想，如悲观、消极、不上进等。日常心理素质训练要根据运动员的身体基础条件和训练发展的阶段展开，比如针对处于基础训练阶段的少年选手，就应该以改善其心理和个性为主；在后期专项训练任务加重的情况下，就应该加大适应专项运动的心理素质训练。

（2）比赛时期的心理素质训练

比赛时期心理素质训练的目的是为了调节运动员在比赛时的情绪和心理状态，防止因为过度紧张等情绪影响运动员在比赛中的发挥水平。比赛时期的心理素质训练包括赛前心理准备、赛中心理控制和赛后心理恢复三个方面。

在比赛之前，运动员的体能、技术和战术能力都处于一种水平较高且比较稳定的状态，唯一会对运动员的发挥造成较大影响的就是运动员的心理状况，因此在比赛之前对运动员进行赛前心理素质训练是非常必要的。赛前心理准备的重点要集中在激发运动员的比赛动机,帮助运动员建立比赛信心等方面,使运动员做好参加比赛的心理准备。

在比赛的过程中,运动员的心理状况会受到比赛现场的环境、比赛当时的气候以及各种突发事件的影响,如果不及时进行心理调节,运动员可能会一时难以恢复到比赛状态,无法发挥出真正的体能、技术和战术能力等。因此,在平时的训练过程一定要重视培养运动员的赛场心理调节能力,可以采用模拟真实比赛、进行赛前预演等方式对运动员进行训练。

赛后的情绪调节同样是心理素质训练的重要内容。对于取得胜利的运动员,应该对他们在比赛中保持的有助于取得比赛胜利的积极情绪状态给予肯定,并且引导他们摆脱获胜之后产生的懈怠、自满等情绪。对于未赢得比赛胜利的运动员,应该加强心理疏导,帮助他们排解因为比赛失败而带来的消极情绪,引导他们回忆在比赛过程中所产生的积极的情绪体验,激发比赛动机,帮助他们重建积极的心理状态,使他们重新快速投入到训练中。

2. 根据心理素质训练内容和专项需要的关系进行分类

(1) 一般心理素质训练

一般心理素质训练发展的是作为一名运动员普遍需要的心理素质,比如通过训练保持运动员的心理健康,使运动员保持一个稳定的精神状态等。

(2) 专项心理素质训练

专项心理素质训练发展的针对特定的运动专项运动员应该具备的心理素质。比如从事长跑、自行车等运动专项的运动员在心理方面更需要发展出强大的耐性;从事花样滑冰、健美操等带有表演性质的运动专项的运动员在心理上更需要发展出优秀的表现能力;从事足球、篮球等团体专项运动的运动员在心理上更需要发展出合作、顾全大局等心理。

四、运动员心理素质训练的方法

(一) 放松训练方法

1. 放松训练法的概念

放松训练法指的是通过一些语言对人进行暗示,使其将注意力集中到暗示语上,跟随暗示语的指示进行呼吸调节,放松全身肌肉,从而调节中枢神经系统兴奋性的一种心理调节方法。

2. 放松训练法的作用

(1)对运动员的中枢神经系统进行调节,使其放松,降低其兴奋程度。

(2)缓解运动员的紧张情绪,放松运动员的身心,加速运动员疲劳恢复的速度。

(3)为进行其他心理技能训练打下基础。

3. 放松训练的特点

(1)注意高度集中于自我暗示语。

(2)需要清晰、逼真地想象带有色彩的形象。

(3)能够清晰知觉肌肉不同程度的紧张状态,从极度紧张到极度放松。

(4)进行深沉而缓慢的腹式呼吸。

4. 几种具体的放松训练方式

(1)自生放松练习

①准备姿势

自生放松练习的准备姿势可以分为在椅子上和在床上两种:

在椅子上为,身体自然放松地坐在椅子上,双眼自然闭合,双臂垂放在自己的腿上或者椅子上,双腿以舒适的姿势放置。

在床上为,身体自然放松地仰卧在床上,双臂放在身体两侧,双腿自然伸展,脚尖微微向外。

②准备动作

脸部肌肉放松,眉头舒展,轻轻闭上双眼,嘴唇微张,舌尖贴在上牙龈上,然后舒缓地进行深呼吸。认真感受呼吸带给身体的放松,吸气时身体腹部轻轻隆起,呼气时腹部轻轻恢复,呼气时要轻柔缓慢,用的时间大概是吸气时间的两倍,每一次呼吸的时间都比上一次的时间更长一些。

③六种放松练习

第一种是沉重感练习,即闭上双眼,利用语言暗示使自己身体里形成一种沉重感,暗示语言如下:

第五章　足球后备人才体能及心智能力训练

我右边的手臂正在变得沉重和没有知觉(重复6—8次)。
我右边的手臂越来越沉重了(重复6—8次)。
我右边的手臂沉重极了(重复6—8次)。
我觉得非常平静(1次)。

一遍暗示之后,睁开双眼,忘记这种沉重感,深呼吸,活动右臂。之后再次重复以上过程,每天可以进行2—3次练习。练习的过程中要能够想象这种沉重感,如果无法想象可以借助重物的帮助形成感觉。沉重感练习的一个周期为21天,完整流程如表5-6所示。

表5-6　一个周期沉重感练习的完整流程[①]

练习内容	练习时间
右臂沉重感练习	3天
左臂沉重感练习	3天
双臂同时沉重感练习	3天
右腿沉重感练习	3天
左腿沉重感练习	3天
双腿同时沉重感练习	3天
四肢同时沉重感练习	3天

第二种是热感练习,是指通过语言暗示使自己形成能够让身体发热的能力,一般在开始热感练习之前需要先进行一些简单的沉重感练习作为热身动作,不过时间不用太长,45秒到1分钟即可。热感练习的暗示语言如下:

我右边的手臂正在发热和失去知觉(重复6—8次)。
我右边的手臂变得越来越热(重复6—8次)。
我右边的手臂变得热极了(重复6—8次)。
我觉得非常平静(1次)。

整个热感练习的流程也是21天,分别是右臂热感练习、左臂热感练习、双臂同时热感练习、右腿热感练习、左腿热感练习、双腿同时热感练习、四肢同时热感练习。

沉重感练习和热感练习都完成后,可以将两种练习结合起来,想象身体同时发热、沉重和麻痹,练习流程同上。

第三种是心脏练习,能够减缓心率,使心跳变得平稳。在进行心脏

[①] 张忠秋. 优秀运动员心理训练实用指南 [M]. 北京:人民体育出版社,2007:78.

练习之前可以先简短地重复沉重感和热感练习作为热身运动,然后自然放松地躺下,从胸部、脖子、手腕等地方感受自己的心跳,同时重复以下暗示语:

  我的胸口位置正在变得温暖而舒适(重复6—8次)。

  我的心跳非常平稳(重复6—8次)。

  我觉得非常平静(1次)。

  第四种是呼吸练习,进行呼吸练习的目的是调节呼吸节奏,使呼吸变得平稳,同样建议在练习开始之前进行一些热身准备,然后开始重复以下暗示语:

  我的四肢正在变得沉重、燥热和麻痹(重复1—2次)。

  我的四肢越来越沉重和燥热(重复1—2次)。

  我的四肢变得沉重和燥热极了(重复1—2次)。

  我的心跳平缓而稳定(重复1—2次)。

  我的呼吸非常平稳(重复6—8次)。

  我觉得非常平静(1次)。

  第五种是胃部练习,指的是通过语言暗示,在胃部形成一种温暖舒适的感觉,其暗示语言如下:

  我的胃部正在变得温暖而舒适(重复6—8次)。

  我觉得非常平静(1次)。

  做胃部练习时手要放在胃部所在的位置,用手感受胃部散发出来的温度。每天做7—10分钟,一天可以重复做2—3次,持续做两周的时间,当手能切实感觉到胃部散发出来的温暖之后,则说明真正掌握了胃部练习的技术。

  第六种是额部练习,是指通过语言暗示,在额头部位形成一种清凉的感觉,其暗示语如下:

  我觉得我的额头非常的凉爽(重复6—8次)。

  我觉得非常平静(1次)。

  额部练习和胃部练习的时间一样,也是建议每天做7—10分钟,一天重复做2—3次。持续两周的时间,当自己的额头切实有清凉的感觉时,则说明真正掌握了额部练习的技术。

  值得一提的是,在以上六种练习方式都做完之后,身体会处于一种极度放松的休息状态,这个时候想要唤醒身体,使身体进入练习状态,就要对身体进行一个活化练习,其暗示语如下:

我的整个身体都在休息。

我积蓄了力量……

放松的感觉从手……脚……躯干……颈部……面部……消失了……

睡意完全消失了……

我的大脑休息过了,很清醒!

我的自我感觉很好!

我很愿意进行所面临的工作!

活化练习的作用就是从极度放松的状态里唤醒身体,使身体处于一个兴奋而充满力量的状态,以便能够快速进入练习。

（2）静默放松练习

静默放松练习法的意思是指人们通过静坐、冥想、沉思等练习方式使练习者的身心得到放松。人们根据练习程序的不同,将静默放松练习方法分成了东方静默法、松弛反应和超觉静坐等方法。

①东方静默法

东方静默法指的是,练习者有意识地对自己的身体姿势、呼吸、意念进行调控,使得自己的身心达到一种放松、平静、自然的状态。中国的气功、印度的瑜伽、日本的坐禅等都包含着传统的东方文化,是东方静默法的代表。下面我们以中国气功中的"三线放松功"为代表,对东方静默法进行具体介绍。

"三线放松功"指的是,有意识地在心里默念"松"字,然后按照顺序对身体的各个部位进行放松,使得身体的各个部位松弛下来,达到一种身心舒展的状态。三线放松功的基本方法是:将身体分为两侧、前面和后面三条线,自上而下地依次进行放松。

第一条线（两侧）:从头部两侧—颈部两侧—肩部—上臂—肘关节—前臂—关节—两手—十个手指。

第二条线（前面）:从面部—颈部—胸部—腹部—两大腿—膝关节—两小腿—两脚—十个脚趾。

第三条线（后面）:从后脑部—后颈部口—背部—腰部—两大腿后面—两膝窝—两小腿—两脚底。

具体的练习方式是指,将精力集中在某一个部位,然后集全身之力对该部位进行放松,依次轮到下一个部位,再依次轮到下一条线。每一条线的放松结束的时候,要使自己的意念在这条线上的止息点上停留

1—2分钟。三条线的止息点分别是中指、脚拇指、脚心。在完成一次全身的放松之后,要将意念停留在某处保持3—4分钟,然后再继续进行下一次循环,一般建议每次做2—3个循环。

②松弛反应

松弛反应是美国学者本森在分析了东方静默法的基础上总结出来的,他认为人们进行松弛反应练习需要具备以下几种条件:

第一,一个安静的练习环境。

第二,使得自己全身的肌肉充分放松。

第三,一种必要的心理放松手段,比如重复地聆听一种声音或者一个词语等。

第四,一个自然放松的姿态。

进行松弛反应的具体操作是,练习者在一个安静的环境中闭目静坐,放松自己全身的肌肉,进行平缓的深呼吸,并感受自己的呼吸。每次呼气的时候,练习者在自己的心中轻轻默念"壹",反复重复,身体保持自然的姿势。一般建议每次进行松弛反应练习的时间为20分钟,一天可以进行1—2次练习。松弛反应练习是一种非常有效的放松练习,尤其对具有急躁、焦虑等特点的A型性格的人群非常适用,能够使人获得心理的宁静和平和。

(二)注意力集中练习法

1. 注意力的分类

注意力可以从其指向和广度两个方面进行分类,其中从指向的角度还可以被分成内部注意和外部注意两种。内部注意指向行为人身体的内部,而外部注意则指向外部环境。表5-7是注意力的具体分类。

表5-7 注意力的具体类型[①]

注意广度	注意指向	
	外部注意	内部注意
宽阔注意	用于快速进入某种情境(如比赛双方交换场地)	用于分析和计划(针对竞争对手制定比赛计划)

① 张忠秋. 优秀运动员心理训练实用指南[M]. 北京:人民体育出版社,2007:79.

第五章　足球后备人才体能及心智能力训练

续表

注意广度	注意指向	
	外部注意	内部注意
狭窄注意	用于关注操作以外的1—2个线索（如观察球的运动）	用于在头脑中演练即将进行的比赛或控制情绪状态（如在头脑中进行动作演练之前先进行深呼吸使自己放松）

2. 使注意力集中的技巧

（1）模拟训练

模拟训练指的是在平时的训练过程中模拟真实的比赛环境，以增强运动员面对环境干扰的能力。众所周知，运动比赛的过程中，运动员的运动技能只是影响比赛成绩的一个重要方面，想要取得理想的成绩，运动员面对比赛过程中外部环境的应对能力也是非常重要的因素。有研究表明，对比赛环境适应能力比较强的运动员比较容易在比赛中超长发挥，而对比赛环境适应能力较差的运动员比较容易在比赛过程中失常发挥。分析比赛时外部环境的状况，并且将其加入到平时的运动训练中去。比如在训练过程中加入观众声音的录音、加入模拟的风、阳光等，使运动员在训练的过程中适应这些干扰因素，在比赛场上这些因素对运动员的影响就会降低。

（2）进行自我暗示

暗示其实就是一种跟自我进行谈话，并且说服、引导自己进行一定的活动的方式。在进行自我暗示的时候要注意两个方面，一是使用的暗示语要非常简明扼要，表达起来既简洁又能清晰表达意思；二是暗示语最好是由运动员本人制定，因为本人最能了解自己的意思，能够引起一种自动反应。进行自我暗示能够使运动员集中精神，快速进入理想状态。

（3）训练视线控制

人们的注意力会受到视线的影响，如果视线不停地在不同的事物上，比如比赛场地上的观众、比赛对手的衣服、比赛器械等上面移动，运动员的注意力也会随着视线的移动而转移到不同的事物上，而不是集中到比赛上。如果在平时对运动员进行视线控制上的训练，运动员就能够在比赛中不受其他事物的干扰，将全部的注意力集中到比赛上。最有效的视线控制训练方法是将视线固定在与比赛相关的某个物体上,比如在比赛的空隙将视线控制在球拍上,就能够防止运动员不停地看向不同的事物而导致注意力涣散。

(4)建立操作程序

建立操作程序能够使运动员形成一种固定的思维习惯,运动员在进行比赛的时候会把注意力完全集中到应该怎样操作程序上去,而不会分散到其他事项上。操作程序使操作不受意识的干扰,完全处于一种自动化的状态,操作程序中间的暂停部分还能为大脑提供一些简短的休息时间。建立起完整有效的操作程序能够在一定程度上减少运动员的焦虑心理,使他们将注意力集中到完成程序固定的动作上。操作程序需要具有个性化的特征,要根据运动员本身的特点进行制定。

3. 注意力集中的练习方法

(1)影子练习

运动员紧盯自己的影子,持续大概 2 分钟的时间,然后转移视线到比较空旷的墙上或者天空中。这时能够发现墙上或者天空中出现了影子的虚像,将视线固定在影子的虚像上,持续一段时间。之后闭上眼睛,并且在脑海中重现影子。一般建议每次进行影子练习的时间为 5 分钟,每天可以做大约 3 次练习。

(2)实物练习

实物练习就是通过反复锻炼将注意力集中到实物上的能力,以提高注意力集中水平的练习方式。实物练习中的实物可以选择运动员从事的运动专项中需要使用的运动工具,以网球为例,运动员可以将网球作为注意力集中的对象,将视线固定到网球上,观察网球的形状、颜色等,以达到集中注意力的目的。

(3)秒表练习

秒表练习也是一种非常著名的注意力练习方式,具体操作方法是:将视线固定在秒表上面,观察秒表指针的转动,在这个期间内视线不能向别的物体上移动。视线固定的时间可以从 1 分钟依次向上递增,当视线集中在秒表上的时间能够达到 5 分钟时,则说明运动员的注意力集中情况非常良好。经常进行秒表练习,对于提升运动员的注意力集中水平有非常重要的帮助。

(4)纸板练习

剪黑白 2 块纸板,黑色纸板较大,边长大概为 15 厘米,白色纸板较

第五章　足球后备人才体能及心智能力训练

小,边长大概为2厘米,将白色纸板粘贴在黑色纸板的中心位置。纸板挂在其中心与人眼能够齐平的位置,使室内保持明亮。

放松状态闭眼2分钟,同时在脑海中想象1块柔软的黑色幕布。睁开双眼,使视线集中在纸板的正中央,持续大概3分钟的时间,中途尽量不能眨眼。3分钟之后将视线移开到空旷的墙壁上,这时候可以发现墙壁上出现了黑色纸板的虚影,紧盯虚影直到其消失。

虚影消失之后闭上双眼,在脑海中想象所见的虚影,尽量使脑海中的虚影保持稳定。一次练习结束之后,可以按照以上顺序多次进行练习。每次持续练习15分钟的时间,每天进行1次练习,连续练习1周,就能够取得比较好的练习成绩。

（三）表象演练法

1. 影响表象演练能力的主要因素

表象演练是指在暗示语的指导之下,在头脑中反复想象某种运动动作或者运动情境,从而提高运动技能和情绪控制能力的方法。

影响表象演练能力的主要因素有以下几点:

（1）表象和感觉

运动表象主要包括空间的（视觉的）和运动感觉的（包括触觉和躯体感觉的）想象。当所有感觉形式都结合到表象中时表象最有效。由于个体感知觉存在差异,因此个体表象的能力也就不同。原则上来说,表象是建立在多种感觉上的,但个体都有自己所偏爱的感觉形式。

（2）清晰性与控制性

清晰性是指一个人对表象的认识的水平,控制性是指一个人对表象的内容的操控水平。运动员掌握认识表象和控制表象的能力十分重要,就清晰性来说,运动员在脑海中清晰地重现运动的动作和运动的技能,对于其加深对动作、技术的理解和记忆有重要的作用;就控制性来说,不对运动表象加以控制容易对运动员产生消极的影响,比如想象篮球越过篮板飞到观众席中的场景,这种暗示容易引导运动员在真实的比赛中出现这种差错。

（3）表象的转换能力

根据科学的研究发现,表象转化能力对运动员也有非常重要的影响。一般来说,水平更高的运动员的表象转换能力更强,他们能够同时交替使用内、外两种表象，运用表象锻炼运动技能和调控情绪的能力更强。

2. 如何进行表象演练

（1）技术动作的积极操作

运动员从自己从事的运动专项中选择一个动作，并且想象自己正在进行这项动作，完美地落实每一个动作细节。下面我们以网球动作为例，进行表象演练展示：

以准备姿势站在球场上，注视对手的情况，然后寻找自己理想的落球点。想象自己以标准的姿势发球，球抛出完美的高度，球拍去接抛到空中的球的时候，需要向后摆动，当球拍摆动到头后面的位置的时候，双肩打开，背部向后仰。然后身体的重心开始向前移，所有的注意力集中到球拍与球的接触点上，球拍将球稳当而有力地打出。感受手腕在将球打出那一刻的震动，以及球在打出去时的声音。

（2）积极操作记忆的再现

对自己曾经打出的某场优秀比赛进行细致的回忆，回忆的内容包括视觉、声音和情绪几个方面。

视觉回忆可以集中在进行比赛时候的姿态上。通常来说，大方自信的姿态更有助于运动员获得理想的比赛成绩。运动员通过回忆自己在获胜比赛上的姿态，建立起清晰的图像，能够加深对自信姿态的认识和记忆，给自己形成积极的暗示。

接下来进行声音上面的回忆。通常来说，选择倾听正面的声音更有利于运动员取得理想的比赛成绩。运动员尽量回忆自己在取得胜利的比赛场次中选择听到了哪些声音，自己又对这些声音产生了怎样的反应，以及自己在心中对自己说了哪些话等等。

情绪对比赛成绩的影响非常重要，积极的情绪能够帮助运动员获得更加理想的成绩。运动员在回忆的时候要关注自己当时处于什么样的情绪状态，积极情绪、焦虑情绪、畏惧情绪等各种情绪各占多少比例。对情绪状态的回忆便于运动员在以后的训练过程中形成积极的情绪习惯，使其养成能够在赛场上调控自己的情绪的能力。

3. 表象演练在运动训练中的应用

（1）在困难的比赛中控制操作

运动员在比赛过程中遭遇困难是一件非常常见的事情，想要尽量减少这些窘迫时刻的出现,在训练的过程中进行周全的准备练习才是有效的办法。运动员可以通过表象训练,在脑海中模拟一个困难的比赛场景,加入干扰因素,比如动作出现失误、对手能力过强等,然后再在表象训练中采取措施解决这些困难,最终增强应对比赛出现的困难场景的能力。

（2）任务表象训练

表象训练并不是一项无意识的活动,而应该是根据自己的运动要求、运动兴趣和运动能力,制定一定的训练任务,然后再通过表象训练达成这项任务。一般可以选择自己最需要掌握的某个动作或者某项技术作为训练任务,在脑海中对这些动作和技能进行分解,加深对其的理解和认识。表象训练任务的完成,能够使实际运动训练的效果事半功倍。

（3）关键时刻从失误中恢复

运动员可以在脑海中表象一个自己经历过的比赛失败或者动作失误的场景,尽量重现当时的情景,然后将自己关注的重点放在视觉、声音和情绪这几个因素上面,尤其是要重新体验当时的情绪。一个人在比赛失败之后难免会有沮丧、挫败、愤怒等情绪,在表象中试着将这些情绪排解出去,这样做有助于锻炼运动员在比赛中的情绪调节能力。

第三节　足球后备人才智力素质训练

一、运动智力的相关概念

智力是指人们认识客观事物的规律以及运用知识解决实践问题的能力。一个人的智力能力是由先天因素和客观因素共同造就的,先天因素包括遗传,后天因素包括教育、个人的努力等。

智力素质训练是指在运动训练的过程中,教练人员有意识地采取一系列方法对运动员进行智力上的训练,以求提高运动员的智力素质水平的训练过程。随着竞技运动的发展,现代体育运动对运动员的智力素质水平的要求也越来越高,智力训练成为足球运动训练中的重要内容。

二、运动智力的内涵

运动智力的内涵可以从以下几个方面进行解读。

（一）性质

从性质上进行解读，运动智力实际上是多种知识的结合，既包括运动员本身在运动的过程中形成的感性知识和理性知识，又包括运动员从现有的运动理论中获得的运动知识。这两种知识相互交融、相互转化，运动员在运动实践中获得的知识能够通过总结、提炼上升成为运动理论，而运动理论又能反过来被运用到运动实践中，指导运动员进行运动。

（二）来源

运动智力的来源有多个途径，运动员除了能够在自己的运动训练和比赛的过程中形成运动智力，教练员的指导、现有的相关运动书籍以及其他的知识学科都能为运动员提升自己的运动智力提供帮助。运动员在运动训练的过程中应该不拘泥于形式，努力从多个途径进行学习以提高自己的智力素质水平。

（三）应用

只有被运动员运用到运动实践中，并且帮助提高了运动员的运动技能和竞赛成绩的知识才能真正成为运动智能。相应地，如果运动智能的运用方式不够科学合理，不能在运动实践中发挥其应有的作用，也说明该运动员形成的这种运动智能是没有价值的。只有真正指导了运动实践，才能体现运动智能的价值。

三、运动智力的特点

（一）主观性

运动员的智力素质是受运动员本人控制的，运动员的努力水平、知识偏好、个人兴趣等都会影响运动员智力素质的发展。

（二）时间性

运动员的运动智力在不同的时间段有不同的表现，具体可以分为先天性的运动智力和后天性的运动智力。

先天性的运动智力是指运动员与生俱来的，受到遗传因素的影响，表现为天赋的智力。这个阶段其表现为水平低、运动员之间的智力素质水平的差距较小等。先天性的运动智力是基础，也是运动员选才的重要考虑因素。

后天性的运动智力是指在运动员成长发展过程中形成的运动智力，受到运动员知识积累、实践经验和情感体验等因素的影响。运动员的后天性运动智力是其智力素质的主要构成部分，运动员在实践中运用的大部分运动智力都是在后天形成的。这个阶段的运动智力素质具有水平高、不同运动员之间的差距大等特点。

（三）专项性

运动智力素质具有专项性，人们在具备了基本的运动智力之后就开始进行更加专业细致的划分，然后再继续发展具有专项性特征的运动智力。就不同的行业来说，体育、舞蹈、雕塑、机械操作等行业都是对运动智力要求比较高的行业，但是它们所要求的运动智力具有行业性的特点。不同行业的从业人员掌握的运动智能虽然具有基础的共通性，但是在更高层次上都是根据自己行业的要求继续发展的。就不同的运动专项来说，对运动员的运动智力要求也是不同的，比如不同运动专项之间需要不同的运动技术，不同的运动战术具有不同的竞赛规则、不同的裁判方法等。

四、足球运动智力训练的主要内容和要求

（一）主要内容

1. 运动理论知识训练

足球运动理论知识包括运动员们都要学习的基础运动理论知识，以及针对足球运动员设置的专项运动理论知识两个内容。

（1）基础运动理论知识一般是指一些学科知识，如运动心理学、运动医学、运动物理学、运动解剖学等。

（2）足球专项运动理论知识一般是为了让足球运动员形成对足球运动的全面了解以及提高足球运动员的整体能力设置的，包含足球比赛规则、足球比赛评分方法、足球运动技术分析、足球运动战术分析等。

2. 智力因素培养

智力因素培养包括对运动活动实际操作能力和对运动行为能力的培养。运动活动实际操作能力主要表现为学习和运用技战术的能力。运动行为能力包括培养运动员的观察力、记忆力、想象力、思考力、判断力等。

（二）要求

1. 个性化要求

不同的运动员在先天条件以及智力发展水平上存在差异性，这就要求在对足球运动员进行运动智力训练时，要结合运动员的个人状况为每位运动员制订具有个性化特点的训练计划。

2. 对运动员的自觉性要求

足球运动员是足球运动智力训练的主体，只有运动员拥有训练的自觉才能真正实现训练的目的。要让运动员认识到智力能力在足球比赛中的重要性，提高他们参加智力训练的自觉性。

3. 长期性要求

足球运动智力训练和足球体能训练、足球心理素质训练相同，都需要经历一个漫长的训练过程，贯穿运动员的整个运动生涯。在制订运动训练计划时，要将智力训练纳入其中，并且根据运动训练的发展特点，制订相关的长期与短期训练规划。

4. 反馈要求

在对足球运动员进行智力训练的过程中，要制定科学的运动智力评价体系，及时对运动效果进行反馈，为制订下一步的训练计划提供科学的依据。

五、足球智力素质训练的方法

(一)一般智力素质训练方法

对一般智力素质影响比较大的因素主要是观察力、记忆力和思维能力,下面对这三个智力因素的训练方法进行具体阐述。

1. 观察力训练方法

观察是在感觉的基础上进行的有目的的意识活动,受到人的主观因素的影响。观察是人们获得运动知识、提升一般智力的重要途径。运动员在平时的运动训练、比赛中通过观察,捕捉有价值的信息,从而提升运动智力。

在对运动员的观察力进行培养时,最基本的方法就是在比赛、训练时经常布置观察任务、传授观察方法、培养观察习惯。初次布置观察任务时,应做好准备,列出计划,明确任务,指明观察重点、程序以及写观察报告等。在运动员掌握了观察方法之后,应对其及时布置观察任务,提出的观察要求也要不断有所提高。

2. 记忆力训练方法

记忆是以识记、保持、再认和回忆的方式对经验的反映。记忆力训练是运动智力训练中的重要因素,具体训练方法如下:

(1)给运动员布置具体的记忆任务,比如让运动员在规定的时间内记忆某项新出的比赛规则、某个新学的比赛动作或者技巧等,锻炼运动员的速记能力。

(2)定期对运动员之前记忆过的内容进行抽查,使运动员养成定期回忆的习惯,帮助运动员形成长期记忆。

(3)根据科学理论向运动员介绍记忆方法,帮助运动员在结合自身情况的基础上形成科学、高效的记忆方法。

3. 思维能力训练方法

思维就是运用思维工具对大脑所接收到的信息进行加工创造,最终形成对一件事物的高级认识的认知过程。思维训练的任务是掌握思维规律,学会使用思维工具,最终提高思维能力。而对足球运动员进行思维能力训练,就是希望运动员能够对动作技术、比赛战术、赛场信息等内容形成更加深刻的认识和理解,从而全面提高运动智力。

在对足球运动员进行思维训练的过程中,最重要的就是要进行思维速度的培养。足球运动是一项运动强度大、激烈程度高、速度快的竞技运动,运动员在快节奏的激烈运动中很容易思维跟不上,而一旦思维落后就容易丧失得分机会,影响整个比赛。可以在训练的过程中采用限时知识问答的形式,设置相关比赛场景,对运动员进行技术、战术上的提问,要求运动员及时作答,以提高运动员的快速思维能力。

(二)运动智力能力的训练

1. 提高运动员的专业理论知识水平

足球运动专业理论知识的学习和其他文化知识的学习具有方法上的共通性,比如都可以通过教学人员讲解、学习者之间相互交流讨论、学习者自我理解和巩固等方式掌握所学的知识。需要注意的是,这些学习方式都要根据学习者的基础条件以及发展状况进行调整,选择与自己最匹配的学习方式才能达到事半功倍的学习效果。

足球运动专业理论知识的学习又具有其特殊性,这也是由运动本身的特性决定的,即必须要和运动实践本身紧密结合。运动理论知识是从运动实践中总结出来的,但是同时又是对运动经验的总结和提炼,因此又高于运动实践。运动员在平时的运动实践中,要注意进行训练记录,及时总结训练经验。同时,遇到无法理解的理论知识的时候,要带着这些疑问进行运动训练,争取在运动实践中明白其含义。

运动员想要不断提高自己的专业理论知识水平,除了要不断提高自己从事的运动专项的理论知识,还要进行相关学科的理论知识的学习,如运动生理学、运动心理学、运动解剖学等学科的知识。

2. 提高运动员对专业理论知识的运用水平

足球运动理论知识只有被合理、科学地运用到足球运动实践中,才真正实现理论知识学习的意义。足球运动员在理论学习的过程中就应该明确理论知识的作用,并主动自觉地在自己的训练实践中予以应用,这样才能够达到提高理论水平的目的。足球运动员可以通过以下方法来提高自己对理论知识的应用水平:

(1)根据实践问题查找理论知识

足球运动员可以根据足球运动实践的需要去查找相关的理论知

第五章　足球后备人才体能及心智能力训练

识,对理论知识进行学习和理解,掌握理论知识后再将其应用到运动实践中去,从而能够锻炼自己运用理论知识解决运动实践问题的能力。

（2）根据理论知识查找相关运动实践

在进行一个新的理论知识的学习的时候,可以查找与该理论知识相匹配的运动实践,通过运动实践感受理论知识。这种方式一方面能够帮助运动员加深对理论知识的理解,一方面能够提高其将理论知识运用的运动实践中的水平。

第六章 足球后备人才科学训练的管理

　　足球后备人才训练的效果直接影响足球后备人才培养质量。良好足球训练效果的取得离不开科学的组织与全面的管理，只有合理安排训练，全方位加强管理，才能有效提高足球运动训练的科学性、安全性及实效性。此外，对足球训练效果进行评价，能够及时掌握足球后备人才通过训练取得的进步，发现他们的不足，并将评价结果作为调整与实施训练方案的客观依据，进一步提高训练的针对性与科学性。本章主要从足球后备人才科学训练安排、安全训练保障和训练效果评价三个方面来研究足球后备人才科学训练的管理。

第一节 足球后备人才科学训练的安排

一、足球后备人才训练计划的安排

（一）制订训练计划的原则

1. 身心健康原则

　　制订足球后备人才训练计划，要将足球后备人才的全面发展重视起来，而不能一味地将竞技水平和比赛成绩放在第一位。青少年儿童身体还在发育阶段，要根据他们的生理发展规律和特征来安排训练，通过科学训练促进其健康发育和成长，提高其身体健康水平，并促进其运动能力的提升。

　　青少年心理成长也很重要，处在关键发育期的青少年儿童不管是在日常生活中还是在运动训练中，都有可能因为各种因素的影响而出现倦怠、自卑、嫉妒、焦虑、挫折等心理问题，教练员要多关注青少年的

第六章　足球后备人才科学训练的管理

心理动态,多给予关怀,引导他们克服不良心理障碍,建立自信,以积极阳光的心态去学习、训练,促进心理健康水平的提升。

2. 教育性原则

足球后备人才主要是青少年儿童群体,他们既是学生,也是优秀的运动苗子,他们和其他同龄人一样都应将学习作为自己的第一任务。足球本身就具有重要的教育价值,开展校园足球活动能够对足球后备人才遵纪守法的意识、顽强拼搏的意志力、公平竞争与团结合作的精神进行培养,同时还能使他们直面学习与运动中的挫折,勇敢克服障碍,以顽强的毅力、理想的自信心、高度的责任心去学习和训练。

3. 快乐至上原则

培养足球后备人才,为青少年儿童球员制订训练计划,首先要培养他们对足球运动的兴趣,使其在足球运动中体验快乐,享受足球,获得满足感。足球是体育运动,也是游戏活动,引导青少年儿童参与到这项游戏中,使其获得极大的欢乐。青少年儿童长期参与足球运动,会深深感受到这项运动的魅力,喜欢上这项运动,从中有所收获。针对青少年儿童进行足球训练,对于规则和细节不过分强调和严格要求,主要是使其先喜欢上这项运动。

4. 培养技术特长原则

足球运动这项集体项目对参与者的体能素质、技术技巧、战术配合都有一定的要求。其中居于基础地位的是良好的体能素质,居于核心地位的是高超的技术技巧,而足球制胜的法宝是默契的团队配合。世界上优秀的足球运动员往往既有良好的体能、高超的技术,又有熟练的战术配合能力,而且很多高水平运动员都有自己非常擅长的踢法,有自己的优势和特长技术,这是他们在比赛中争取主动、获得胜利的重要法宝和武器。因此,培养足球后备人才,也应该充分挖掘青少年儿童的潜能,结合其身体条件、位置角色而对其特长技能进行培养,使后备人才都有自己鲜明的特点与突出的风格。

5. 遵循足球规律原则

足球运动比赛在攻守平衡上有很大的讲究,也强调根据比赛形势的变化而调整阵型,这就对不同位置、不同角色球员的竞技能力提出了很高的要求,要求球员能攻能守,能发挥自己的特长,也能打好配合。高水平的足球比赛既有速度,也有效率,攻守形势的变化往往发生在瞬间。随着足球比赛水平的提高,在足球后备人才训练中应该把握好足球发展趋势及对全能型人才的要求,培养全方位发展的竞技足球人才。

(二)制订训练计划的要求

(1)对每个个体的运动表现及整个队伍的综合竞技能力予以了解和掌握,从现有条件出发,结合培养对象的实际情况而进行训练。

(2)制定训练目标,要考虑和球员有关的各种重要信息。

(3)合理安排各个训练阶段及各阶段的训练周期,以训练目标为依据对训练内容、方法进行安排。

(4)为每个训练阶段设定不同的训练目标,目标要层层递进,不断提高,在具体的训练课上实现各个目标。

(三)常见的几种训练计划

常见的足球训练计划有多年训练计划、年度训练计划、阶段训练计划、周训练计划、课时训练计划(图6-1)。

培养足球后备人才,要有长远的计划和考虑,所以对多年训练计划进行制定很重要,多年训练计划的周期至少为2年,最多10年。

落实多年训练计划,要制订每一年的训练计划,以多年训练计划中的训练目标与任务、训练内容及要求为依据,并结合当年的实际情况而确定每一年的训练计划。

全年训练计划是分阶段实施的,所以又要制订阶段训练计划,而每个阶段训练计划又是在周计划、课时计划中落实的,因此也要制订每周和每个课时的训练计划。

在训练计划的具体安排中,可参考图6-2所示的阶段划分思路和计划实施步骤,以促进足球训练计划的有序实施,提高训练效率和实际效果。

第六章　足球后备人才科学训练的管理

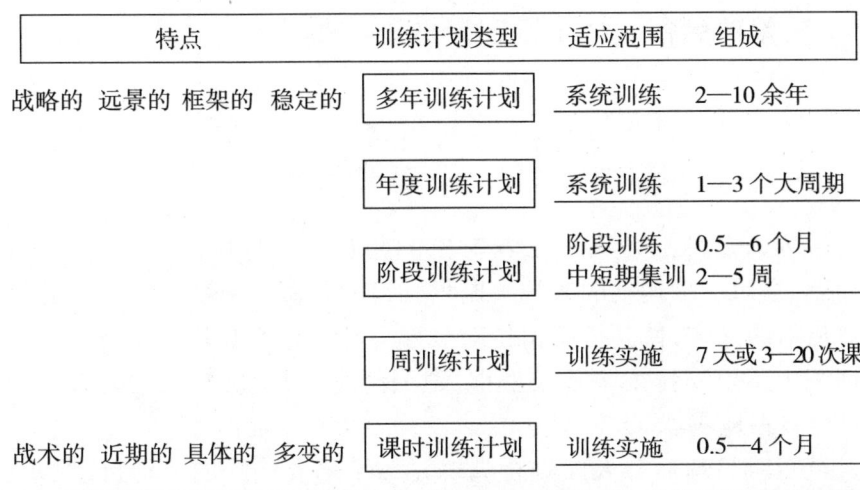

图 6-1　足球训练计划[①]

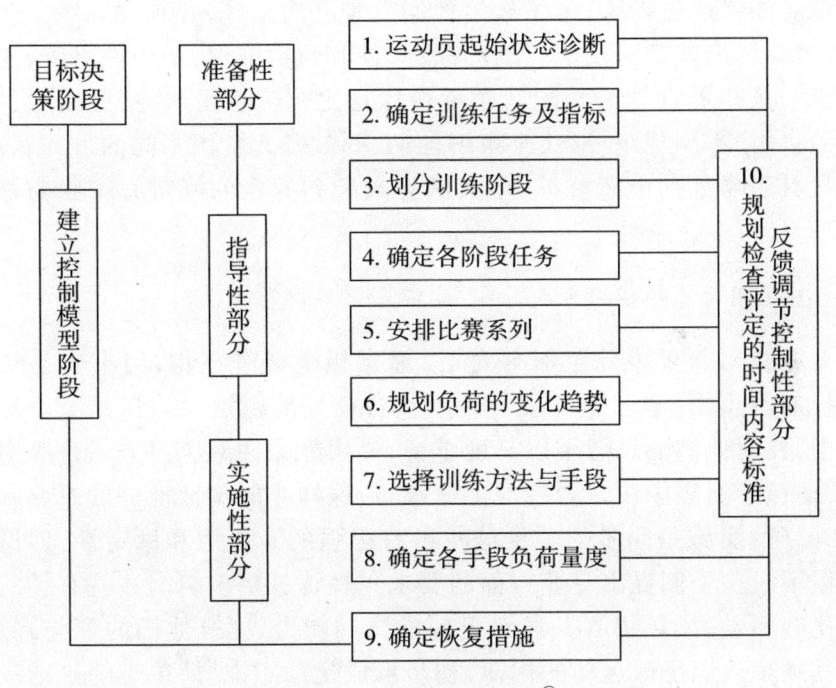

图 6-2　足球训练阶段[②]

---

① 刘丹. 青少年足球训练纲要与教法指导 [M]. 北京：人民体育出版社，2011：65.
② 周雷. 足球 [M]. 北京：高等教育出版社，2004：42.

二、足球后备人才不同时期的训练安排

（一）儿童期的训练

1. 培养足球兴趣

被列入足球后备人才培养对象的儿童在初步认识与了解了足球运动后，会对这项运动的兴趣不断增加，而教练员要继续培养与加强他们对足球的兴趣，使其持续保持对足球运动的热情和热衷参与的情绪。在训练中不要安排太多条条框框，适当随意一些，发挥儿童的天性，使其自由自在地踢球。

虽然对足球后备人才进行训练是为了培养优秀的运动员，但儿童还处在生长发育期，各方面的发育和发展还在不断完善，所以不适合进行专业技术教学与训练，也不能把他们当成小球员而提出过于严格的要求。如果严格训练，过早教给他们有难度的动作，并重复训练一些动作，容易影响他们对足球运动的兴趣，使其热情减退，积极性下降，这不利于长久培养计划的实施。儿童踢球是比较随心所欲的，要给他们表现的自由，不用规矩、形式来束缚他们，要鼓励儿童用不同的方式踢球，引导其思考如何能踢好球，使其满怀兴趣和探索的好奇心去参与这项运动。

2. 采用比赛的练习方式

儿童对新鲜事物都有好奇心，愿意接受新鲜事物，但不容易快速掌握新鲜事物，学习新鲜事物还不具备良好的稳定性。在儿童足球训练中，要对他们的思想予以高度重视，要用趣味性的练习方式来吸引他们，使孩子们集中注意力参与足球练习，这样才能保证他们的思路和训练计划的实施是同步的。足球技术有很强的专业性和稳定性，但这个时候不对孩子们提出专业方面的要求。教练员要多组织一些有趣的小型比赛活动，继续提高儿童对足球的认知能力，提升他们的参与兴趣，使其逐步认识足球运动的规律，初步形成足球意识，简单理解足球动作的运用。

3. 儿童后期过渡训练

儿童经过一段时期的足球训练，初步认识了足球技术。随着训练

第六章 足球后备人才科学训练的管理

时间的增加及儿童年龄的增长,他们掌握的足球知识增多,对足球的认识也不断偏向理性。鉴于儿童足球素养的提升及其身心发展的变化,在训练后期尤其是从儿童向青少年过渡的阶段,应该开始培养他们的集体主义、团结合作思想和意识,使其认识到团结合作、集体配合在足球运动中的重要性。此外,这一时期还要重点加强足球技术及运用的训练,使他们学会对足球技术的合理使用。

教练员要适当组织一些形式丰富的比赛活动,使过渡期的儿童有机会参与实战,在实战中学习、锻炼与提升,使儿童在实战比赛中合理运用各项技术,不断巩固已掌握的足球技能。

这一时期也要多安排一些力量训练,训练负荷要比训练初期大一些,上下肢力量训练要结合起来,徒手训练和器械训练也要有机结合。除了力量训练外,一周也要安排三次耐力训练,以长跑为主,不断增加强度。不管是力量训练还是耐力训练,都无法在短期内取得明显的效果,需要长期安排身体素质的训练,并培养儿童主动训练的积极性,使其养成自觉训练的好习惯。

(二)青少年期的训练

1. 理性教育

青少年经过儿童时期的训练,对足球的认知能力和思维能力不断提升,在训练中的自主思想越来越活跃。培养足球后备人才,培养未来的优秀足球运动员,应该先"育人",这个阶段要加强对青少年的理性教育,并将教育融入训练中,使青少年从对足球的自然参与兴趣过渡到积极自觉的训练中,营造自然自觉、积极向上的训练氛围。此外,在游戏训练中也能融入理性教育,通过这一趣味性练习方式,能够使青少年在足球训练中注意力更集中,自觉性更高,积极性更强。

2. 训练方法的合理运用

我国要发展足球,关键要培养足球后备人才,要选拔与培养有足球运动天赋的青少年儿童,从青少年时期就要提高训练要求,加强全面培养与塑造,在足球教育和训练中培养青少年的自觉性、自律性,培养其自主学习和练习的好习惯,培养其自强不息的意志品质。

青少年时期要注重对协调性、柔韧性的训练,青少年柔韧性佳,协调能力强，才能充分完成动作，合理运用技术。此外，还要培养青少年动作的自然性，使其在实战中能够自然流畅地完成各项技术，并懂得隐蔽自己的意图，不会显得太刻意。基层足球训练中要抓好自然性、协调性、柔韧性的训练与培养工作，为青少年未来成才奠定基础。

  对青少年足球后备人才进行训练，主要采用集中训练的方式，但要对不同运动水平的青少年分别进行指导。要根据青少年的兴趣爱好和接受能力来选择训练方法与手段，教练员随时可以指出青少年的问题，现场指导，指导完后让青少年重新练习，这种训练方式很自然，不会产生僵化的氛围，青少年可以在与教练员自然的互动中掌握技术，解决问题，这种自然和谐的训练能够进一步激发青少年的训练情绪和训练积极性，同时也能培养青少年主动思考和果断行动的好习惯。

  青少年在足球训练中很多动作还没有达到预期的稳定性，对此教练员要多创造实战机会，使青少年多在比赛中发现自己的问题，思考造成问题的原因，并寻找解决问题的方法。如果没有比赛，一味埋头训练，那么青少年不可能发现自己的问题。问题只有暴露出来才能解决，不怕有问题，就怕发现不了问题，发现问题并不是坏事，只要解决了，对青少年来说就是有帮助的。教练员要做好启发工作，引导青少年找出动作错误的原因，并和青少年共同探索适合青少年自身的练习方式，使青少年用适合自己的方法去练习，不断提高，不断进步。以赛代练的方式弥补了空谈空教、喊口号的不足。

  在青少年足球训练中，教练员可以适当地人为制造一些障碍，使青少年努力克服障碍，以促进其实战能力的提升。足球训练要有系统性，要将技术训练和战术训练结合起来，而这些又以体能训练为基础。此外，心智能力训练也是必不可少的。只有将各种训练有机结合起来，才能综合提高青少年的足球水平。在技术训练中，为了使青少年全面掌握并熟练运用各项技术，要引导青少年用各种脚法传球，用不同部位接球，用多种方式运球，在不同角度完成射门，这样青少年在比赛中才能更好地灵活应变，才能根据实际需要而采取恰当的踢球方式，取得理想的效果。

三、女子足球后备人才科学训练的阶段性安排

(一)初级阶段(7—12岁)

在女子足球后备人才训练的初级阶段,要以基础训练和基础培养为主,主要通过田径短跑项目来训练女生的体能,使其速度能力得到提升。在速度训练中将足球的急跑技术、急停技术、变向移动技术融入其中,从而在提高体能的同时提高技能水平。在课时训练安排中,田径基础训练时间占一半以上,旨在对女生的位移速度进行培养;其余时间做基本的足球练习,如曲线运球练习、不同部位的传接球练习等,通过基本的技术练习,培养女生的足球技术意识,使其学会合理运用足球技术。

女子足球后备人才初级训练阶段一直以田径基础训练为主,足球专项训练为辅,旨在为之后的训练奠定扎实的基础,只有基础稳定、扎实,才能使后面的专项训练更顺利,训练效率也会提升。女生在这一阶段要多做传接球、带球、控球、射门的练习,在反复训练和变化训练中不断提高技术动作水平和技术运用能力。在田径基础训练中女生已经锻炼了体能素质,达到了一定的体能要求,所以在技术训练中更顺利一些。

需要注意的是,初级训练阶段不要过分强调技术的专业性,不要带领孩子们去深度加工技术,而要以培养速度素质和基础技术能力为重,从而为中级阶段的训练打好基础。实际上初级阶段训练是中级阶段训练的铺垫,以打好基础为主,以更好地服务于第二阶段的训练。中级阶段训练时间不长,但在技术训练方面提出了很高的要求,尤其要加强爆发力训练、协调性训练,而这是以良好的速度为基础的。只有第一阶段的速度基础打好了,第二阶段的训练才顺利,而且也为第三阶段的训练提供便利。总的来说,对初级阶段的训练要特别重视,在中级阶段的训练中要抱有期望,在高级阶段的训练中看到成效。

(二)中级阶段(13—14岁)

女子足球后备人才训练的第二个阶段是中级阶段,十三四岁的青少年女生处于生长发育的关键时期,这一阶段发育快,也是发展运动素质的重要时期。初级阶段训练以田径短跑项目作为速度训练的基本手段,而这一阶段要训练中距离跑动能力,如400米跑、800米跑,同时要

进行不同距离的变速跑,从而为女生参与专项足球训练培养良好的速度素质和耐力素质,提高她们的动作速度能力。中级阶段的训练安排中,速度能力训练占 40%,技术训练占 60%,和第一阶段相比,技术训练时间增加,速度训练时间减少。通过第二阶段的训练,要增强她们的肌肉力量和速度耐力,提高技术的熟练性,为高级阶段进行技术运用能力的训练做好准备。

中级阶段训练的要求较为严格一些,不管是田径速度训练,还是专项技术训练,都提出了规范性要求和能力性要求,以提高青少年女生的足球基本功。这一年龄段的女生自尊心强,不甘落后,所以在训练中很愿意付出努力,有牺牲精神,教练员要抓住女生的这一心理特征,加强训练,提升其基础能力和专项能力,在传接球训练、控球训练、带球训练、射门训练中提出更为严格的要求,以促进她们足球技能的迅猛提高,同时也要组织比赛活动,创造实战机会,使她们在实战中巩固技能,提高技能,提升技战术运用能力。

(三)高级阶段(15—18 岁)

高级阶段是女子足球训练的第三个阶段,这个阶段已到了能力显示阶段。在训练要求上更严格一些。15—18 岁年龄段的女生求知心切,这是教练培养技术基础的前提条件,要多以对抗条件下技术的运用能力要求她们,使她们在技术连接使用上达到合理、流畅、自如。在战术训练上,一定要结合战术纪律进行训练。这一阶段足球技能训练达到 80%,其余辅助训练多以提高速度能力为主。辅助训练中多采用田径短程爆破能力性强的冲刺性训练手段。足球专项技术训练要与战术训练结合起来,在位置观念、技术运用和技术感觉上要取得良好效果,进而保证她们专项技战术能力的发挥。在 17—18 岁这两年的训练中,要求把速度训练和足球专项技术能力训练结合起来,提高技术运用能力、灵活柔韧能力、动作连贯能力和战术组合能力,达到整体的技战术要求。[①]

[①] 杨春林. 中国青少年足球训练全集[M]. 北京:线装书局,2000:142.

第二节　足球后备人才安全训练的保障

一、足球后备人才训练的营养保障

（一）能量消耗

成年运动员每日能量摄入量取决于运动员所从事项目的负荷量以及维持日常生活活动的需要。青少年儿童的能量需求与成年人不同。按照每千克体重计算，通过测量预定速度跑动所消耗的能量，儿童要高于青少年和成年人，年纪越小，消耗的能量越多，主要原因是儿童的收缩肌与对抗肌协调性还不够强。在走跑练习中，特别是10岁以下的儿童，当收缩肌工作时，对抗肌不会放松。这种收缩肌的对抗需要消耗更多的能量，造成儿童运动时能量利用的经济性低于青少年和成年人。另一个原因是儿童下肢短，不得不增加步频来保证速度。这个现象不仅存在于足球项目，也同样适用于游泳、滑冰、滑雪等项目中。

（二）能量摄入

中国营养学会推荐了普通儿童少年每日能量膳食摄入量，并按体力活动程度的不同予以分类，计算值见表6-1。

表6-1　中国儿童少年（男）膳食能量推荐摄入量（按年龄千克体重计算）[1]

单位：kcal/(kg·d)

年龄（岁）	基础代谢率	轻度体力活动	中度体力活动	重度体力活动
6	47.7	74.7	84.3	93.9
7	45.2	70.8	79.9	89.0
8	43.5	68.1	76.9	85.7
9	41.5	64.9	73.3	81.6
10	40.1	62.8	70.9	79.0
11	37.8	59.1	66.8	74.4
12	35.8	56.1	63.3	70.6
13—15	33.0	51.7	58.3	65.0
16—17	29.4	48.2	54.2	61.7

---

[1] 陈亚中. 青少年足球科学训练探索[M]. 北京：北京体育大学出版社，2007：75.

可酌情根据足球后备人才训练中的运动强度和运动时间,参照重度体力活动的能量摄入推荐量来控制每天的能量摄入。一般认为,如果每天训练 2—4 小时,能量应比非运动训练或轻度体力活动的儿童青少年多摄入 300—900 千卡。

青少年足球运动员每日脂肪摄入量不超过总能量的 30%,其中饱和脂肪酸的摄入不超过 10%,糖类的摄入应占 55%,蛋白质占 15%。如果改变三大能量物质的摄入比例,如减少脂肪的摄入而增加糖类的摄入,那么同时微量元素的摄取也会增多。

(三)健康饮食

1. 青少年儿童运动员的营养状况和膳食状况

青少年儿童运动员的营养不足一般属于边缘性或轻度缺乏,很少表现为营养缺乏病。近年来,我国运动营养专家通过多次调查青少年儿童运动员的营养情况,观察到他们的营养状况具有以下特点。

(1)能量和蛋白质一般能满足需要,但优质蛋白质比例较低。

(2)脂肪摄入量较高,摄入脂肪的热能达总摄入热能的 35%—40%,胆固醇的平均摄入量超过 500 毫克/天。

(3)碳水化合物摄入量较低,其热能一般不到总热能的 50%。

(4)无机盐中钙的摄入量较低,优质钙源食物如乳钙比例较低。钾和镁的摄入也不足。但是钠的摄入却较多。锌、铜、铁的摄入量均低于推荐的供给量。

(5)有部分青少年儿童运动员维生素 A、维生素 B_1 和维生素 B_2 的摄入量不能满足需要。

在膳食构成上青少年儿童运动员的主要问题如下:

(1)谷类食物比例低,脂肪含量较高的食物摄入比重高。

(2)烹调用油较多,造成碳水化合物摄入少而脂肪摄入多的状况。

(3)蔬菜水果摄入少,奶制品少。

(4)存在铁缺乏、偏食、吃零食等问题。

2. 足球后备人才合理营养与膳食的建议

合理的营养与合理的膳食构成有关。膳食平衡才能保证各种营养素的摄入满足需要。为改善足球后备人才的营养状况,首先要加强饮

第六章　足球后备人才科学训练的管理

食的科学管理,从食物类型、营养需求上制定食谱。适当增加谷类食物,以提高碳水化合物、维生素的摄入量;也要注意增加豆类及豆制品,乳及乳制品的摄入,以提高蛋白质和钙的利用率;多选择有色蔬菜和叶菜,多吃水果,以提高维生素和无机盐的摄入;应增加禽肉、牛羊肉的比例,降低动物性脂肪的摄入;某些食物如动物肝脏、虾皮等应注意定期纳入食谱。此外,还要改进烹饪技术,减少烹调用油。

另外,还应注意对足球后备人才进行合理营养和膳食的知识教育,必要时采用必选食物和可选食物相结合的进餐制,要求其必须先吃完规定的食物后才能选择其他食物。足球后备人才肝糖原储备不多,体内碳水化合物相对少,参加训练容易饥饿。若吃得过多,又会加重胃肠负担。可适当增加餐次,训练休息时增加一次点心。在炎热天气或大运动量训练时,及时补充水分、电解质和糖。

除了合理的膳食营养措施外,在特殊情况下也需要补充某些营养素,如混合维生素制剂、矿物质或无机盐缓释制剂、含有无机盐的饮料、维生素或矿物盐强化食品、运动饮料等。[1]

二、足球后备人才训练的损伤康复保障

(一)足球后备人才发生运动损伤的特点

随着足球运动的不断发展,足球运动损伤成为越来越多医学工作者关注的焦点。有关研究指出,成年球员承受的损伤比青少年球员大15—30倍。青少年球员的运动损伤相对较少,这可能与其体重较小、力量较小、速度相对较慢等有关。造成这种差异的原因也包括青少年球员使用保护性装备,在比赛中较少采用犯规技术。

有专家提出,女球员的运动损伤是男球员的2倍。不管是男子球员,还是女子球员,损伤大部分发生在下肢,脚、踝关节和膝关节的损伤发生率最高。与成年球员相比,青少年球员头部和上肢更容易受伤,这与他们在摔倒时较多用手撑地;上肢骨骺正在发育,脆性大;头顶球技术不够熟练等原因有关。[2]

---

[1] 陈亚中. 青少年足球科学训练探索[M]. 北京:北京体育大学出版社,2007:76.
[2] [瑞典]比约恩·埃克布洛姆(Bjon Ekblom). 运动医学与科学手册:足球[M]. 陈易章,等译. 北京:人民体育出版社,2003:27.

（二）足球后备人才训练中易发生损伤的部位

运动伤病和运动训练总是分不开,在不同运动项目的训练中运动员可能发生各种各样的损伤,常见运动伤病在人体各部位的分布及其常出现的运动项目的情况如图6-3和图6-4所示。

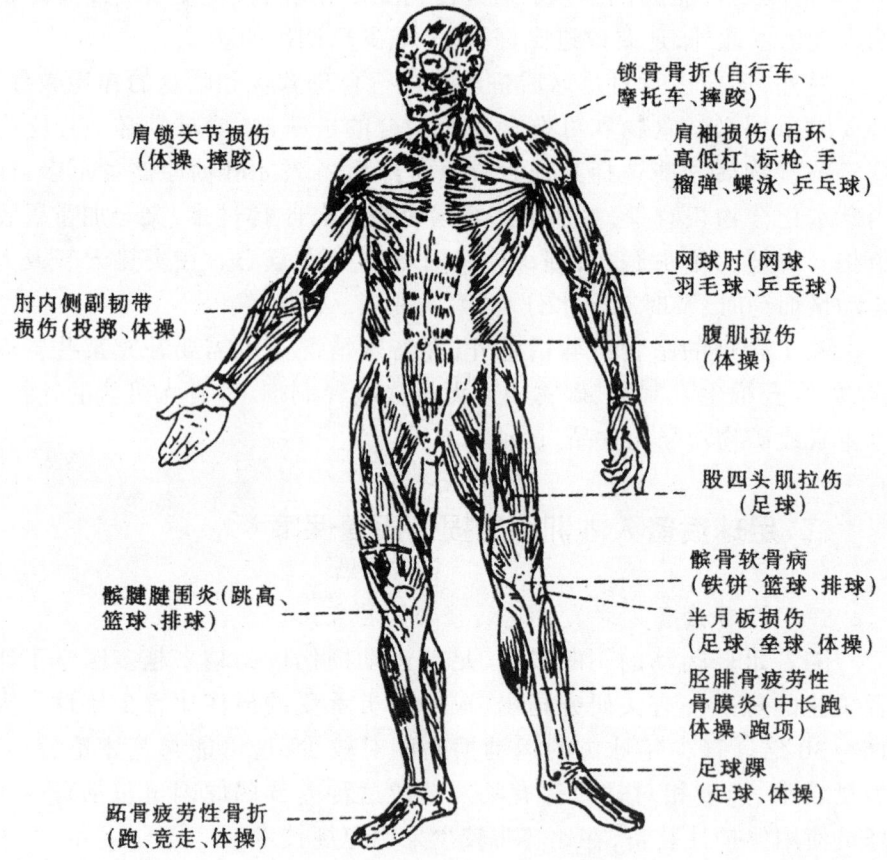

图6-3　常见运动伤病发生部位及发生项目(人体正面)

下面结合足球运动的特点分析足球后备人才在足球训练中容易发生运动损伤的部位。

1. 髋关节及骨盆

髋关节及骨盆容易发生挫伤,以髋关节脱臼最为常见。在软骨骨化过程中,由于该部位有大量血管,所以骨突连接处的软骨会骨化。这种损伤常发生在13—17岁年龄段的青少年球员身上。大多数情况下,

第六章　足球后备人才科学训练的管理

过大的动作会造成严重撕脱,需要采用保守方法治疗,并且要长时间休息,进行适当的康复训练。

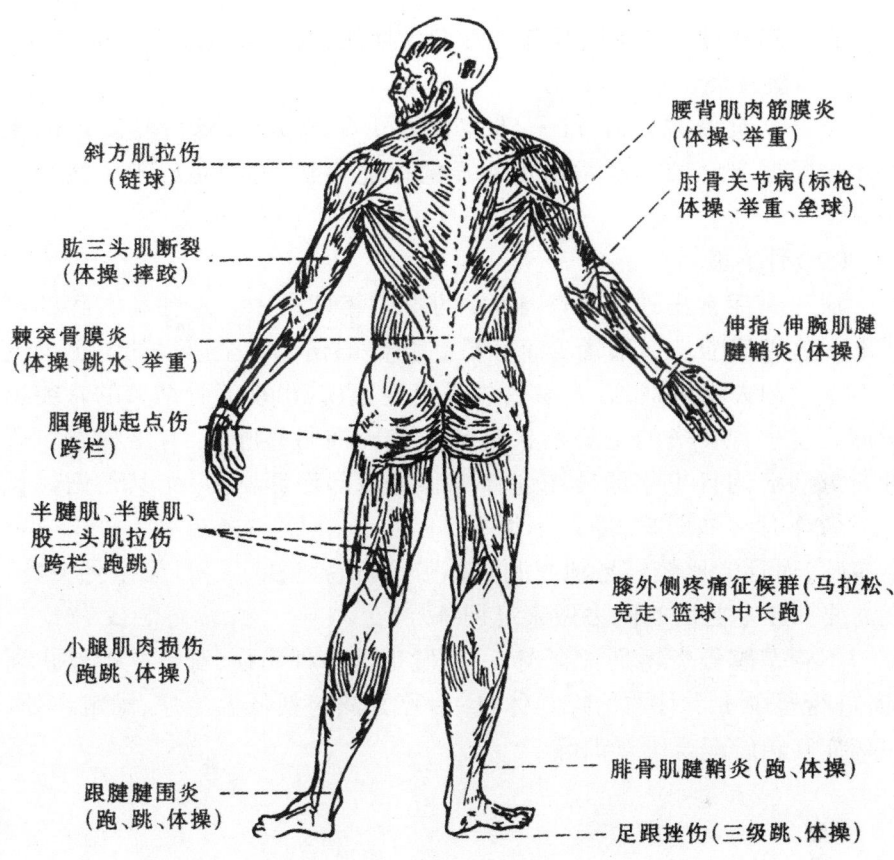

图 6-4　常见运动伤病发生部位及发生项目(人体背面)[1]

2. 腿部与大腿骨

青少年球员的大腿部及大腿骨容易发生损伤。大腿挫伤可能造成严重残疾,这种情况下要立即休息,同时要进行冷敷和必要的保守康复训练。

腘绳肌拉伤的情况也比较多见,大部分发生在肌腱的连接处。快速治疗包括休息、冷敷、按压。牵拉训练能有效预防青少年球员发生这

---

[1] 黄涛. 运动损伤的治疗与康复 [M]. 北京:北京体育大学出版社,2010:72.

一损伤。[①]

3. 膝部

青少年球员在训练中膝部经常发生损伤,具体包括以下两种病症。

（1）髌骨炎

这一病症常出现在 11—15 岁的青少年球员中,这一年龄段的青少年球员胫骨结节处经常出现明显的疼痛症状,考虑是出现了髌骨炎病症。

（2）骨突炎

这一病症常出现在 10—13 岁的青少年球员中。左膝和右膝都可能出现这种病症。如果青少年球员在膝部旧伤未完全康复的情况下进行大密度和大强度训练,容易造成重复性损伤,出现筋骨结节的骨突炎病症。发生骨突炎的主要症状是膝关节周围明显肿胀,有疼痛感。有骨突炎病症的青少年球员在训练中感觉膝部疼痛剧烈,尤其是做等长收缩动作时疼痛明显,即使不训练、不活动,在膝部末端用手按压也有疼痛感,而且能比较轻易地找到具体哪个部位疼痛。一旦发生骨突炎,就需要一年左右的时间去做康复训练。

不管是髌骨炎还是骨突炎,一旦发生这两种病症,都要立即停止训练,进行至少 1 个月的治疗与休息,治疗方法包括低温治疗、固定伤处,在病症好转后配合康复训练。

4. 小腿

青少年足球后备人才在训练中小腿也很容易发生损伤,如常见的压迫性骨折、滑囊炎、腱鞘炎、腔隙综合征等。鉴于小腿受伤概率很高,在训练中要将这一部位重点保护起来,预防受伤。

5. 脚与踝关节

足球后备人才在训练和比赛中脚、踝关节发生损伤的概率也很高,最常见的是韧带扭伤,而且不管哪个年龄阶段的球员,都容易发生这一损伤。青少年球员在初级阶段的训练中容易发生侧踝韧带损伤,这与其生

[①] [瑞典] 比约恩·埃克布洛姆（Bjon Ekblom）. 运动医学与科学手册:足球 [M]. 陈易章,等译. 北京:人民体育出版社,2003:27.

理机能发育不成熟有关。发生损伤后如果没有彻底康复就开始训练,那么就容易发生重复性损伤或出现新伤。如跟骨骨突炎、跟骨撕脱。出现这些病症后跟骨骨突处疼痛明显,而且恢复时间长,要完全恢复需要一年半左右。恢复后投入训练中时,必要情况下使用跟部护垫保护踝关节。

(三)足球后备人才训练中常见损伤的处理

1. 擦伤

(1)概述

擦伤是指有机体表面与粗糙的物体相互摩擦而引起的皮肤表层的损害。症状主要有表皮剥脱,并伴有小出血点和组织液渗出。在传球、抢截球中摔倒易导致擦伤。

(2)处理

轻微擦伤可以采用生理盐水清洗受伤部位,并涂抹红药水或紫药水。关节周围出现擦伤时,先清洗、消毒,再用青霉素软膏或磺胺软膏等进行涂敷。

2. 关节脱位

(1)概述

关节脱位是指关节面失去正常的联系,伴有关节囊撕裂,关节周围软组织损伤或破裂。关节脱位后,有疼痛、压痛和肿胀,关节功能丧失,受伤关节完全不能活动,畸形,关节内发生血肿等症状。足球训练中脚踝关节最容易脱位。

(2)处理

用绷带和夹板使伤肢固定发生脱位的关节,尽快送医治疗。

3. 韧带扭伤

(1)概述

韧带受到持续挤压、牵拉或外力作用,关节活动超出韧带所承受的范围时容易受伤。轻度韧带扭伤会出现局部轻微的疼痛和水肿,皮下出现淤血。严重时会造成韧带撕裂,丧失功能。

(2)处理

韧带扭伤后,立即冷敷,局部加压包扎,抬高患肢。24小时以后按摩或热敷患处。若扭伤严重,用绷带固定后立即送医救治。

4. 踝关节扭伤

（1）概述

踝关节扭伤是足球运动中最常见的一种损伤。扭伤处有红肿痕迹。运动前没有活动开、关节韧带弹性和伸展性较差、用力过猛等都容易造成踝关节扭伤。

（2）处理措施

扭伤后抬高患肢,12小时内要冷敷;12小时后热敷,消炎。情况严重时,要内服跌打丸、强的松片,外用樟脑酒或松节油涂搽。

（四）足球后备人才训练中运动损伤的预防

1. 运动检查

在启动训练计划前,要询问青少年球员的损伤史,了解其之前是否发生过运动损伤,发生过什么类型的损伤,哪个部位发生过损伤,是否已经完全康复等。询问后要进行医学检查,科学评估。因为青少年球员在足球训练中很容易发生腿伤,所以要重点检查下肢的肌肉骨骼轮廓,对陈伤的遗留症状进行分析与判断。检查的主要内容如下:

（1）髋关节检查。

（2）膝关节检查。

（3）踝关节检查。

（4）检查是否有畸形。

（5）测量关节活动度。

（6）测定下肢肌肉力量。

2. 确保训练场地设施和基本装备安全

预防运动损伤,一定要检查运动场地、器材设施、基本装备等是否标准、安全。

青少年在足球训练中发生损伤可能与训练场地的地面硬度有关,如果地面较硬,那么发生损伤的概率就高,有些慢性疲劳损伤的发生与地面硬有直接的关系。因地面硬而引起的损伤大概占所有损伤的三分之一。如果没有条件改变训练场地地面的硬度,那么就要配备必要的装备或者从着装上提高要求。例如,佩戴护胫套,穿减震效果好的足球鞋,用有减震功能的鞋垫和与解剖结构相符的减震器,以对小腿加以保护,对胫骨损伤起到预防作用。

选择运动鞋、运动袜时,要考虑鞋与地面的相互作用、脚与鞋的相互作用,要控制好摩擦阻力。如果选择的运动鞋和地面之间的摩擦力大,那么容易给膝踝关节造成压力,容易引起损伤,如果摩擦力太小,踢球时可能因滑倒而引起损伤,所以一定要选择适宜大小、适宜材质的运动鞋。

3. 做好热身活动与整理活动

青少年球员在训练中感到肌肉僵硬可能与其准备活动不当有关,在每次正式训练前教练员都应该先引导球员做基本的准备活动,准备活动的内容、方式要丰富多样,准备活动的时间要充足,以做好充分的训练准备。足球热身准备活动的内容与形式如图6-5所示。

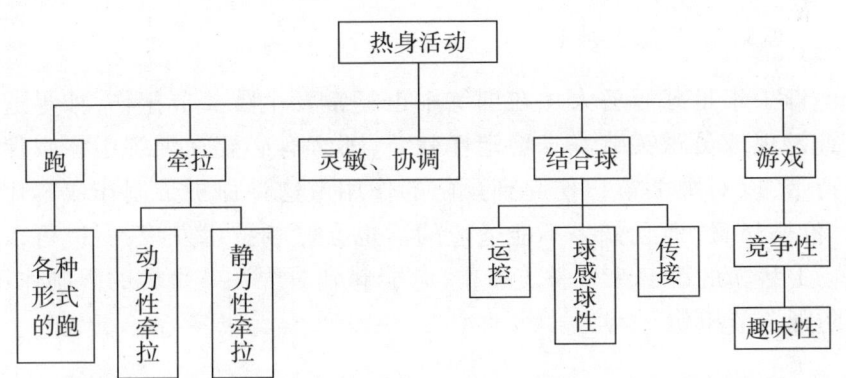

图6-5　足球热身准备活动的内容[①]

由于青少年球员下肢最易发生损伤,所以要特别注意在训练前多做一些下肢肌肉的准备活动,有关研究显示,在训练的准备阶段和结束阶段做收缩—放松的伸展性活动,能够使关节活动度增加15%左右。肌肉僵硬的青少年球员更应该多做一些伸展性练习。在准备活动中结合球进行热身练习时,不适宜做射门等容易造成肌肉扭伤的动作。训练结束后的整理活动和热身准备活动同等重要,做好整理活动,有助于

---

① 庄小凤,沈建华. 校园足球[M]. 上海:上海教育出版社,2014:86.

疲劳恢复,使身心机能还原正常状态,为下一次训练做好身心准备。

4. 合理安排训练

青少年足球训练的质量和效果与训练量的安排息息相关。训练量安排是否适宜也直接关系着运动损伤的发生率。运动训练和运动损伤之间存在着曲线关联,如果青少年球员平时训练量少,而在某次训练中训练量突然加大,那么容易发生运动损伤;如果青少年足球运动员平时训练量就大,继续增加训练量时也不会有很高的损伤率,训练有素的球员更不易发生运动损伤。因此在运动训练的安排中,不要对不常训练的球员突然进行大运动量训练,而对平时训练多的球员可适当增加训练量。

日常训练还要和比赛结合起来,多设计与运用模拟训练方法,提高青少年球员的应激能力,以预防其在比赛中因突然受到较大负荷的刺激而发生损伤。

5. 佩戴保护带、支持套

青少年足球后备人才在训练中也经常发生踝关节扭伤,如果通过检查发现球员踝关节本身稳定性就差,那么有必要在训练中佩戴保护支持带,以对踝关节扭伤起到预防的作用。这种保护带制作成本比较高,价格昂贵,而且如果不能适应的话也会影响技术发挥,所以可以用市场上售卖的踝套来代替支持带,它能起到对踝关节翻转的限制作用,预防踝关节扭伤。

6. 圆盘训练

如果青少年球员踝关节受过伤,并且留下了功能性不稳的后遗症,那么为了避免再次受伤和避免影响训练,需要做圆盘训练,以改善踝关节的稳定性,提高损伤部位的控制力。

青少年球员要在踝关节圆盘上做圆盘练习,站在圆盘上,支撑腿伸直,非支撑腿屈膝,两手于胸前交叉,坚持5分钟,两腿轮流练习,保持一周5次的训练频率,大概需要连续训练两个半月的时间。通过这个练习,不仅能提升踝关节的稳定性,还能使周期性踝关节扭伤的现象终止,并对因扭伤而带来的肌肉萎缩病症起到预防的效果。

有些球员踝关节扭伤后,因为症状较轻,所以继续坚持训练,这其实会增加再次受伤的风险,造成更严重的损伤,所以即使症状轻,也需要做圆盘训练,以控制再次受伤的风险。

7. 康复训练

有些青少年球员在训练中出现损伤是因为之前受过的伤没有完全恢复而导致的。所以说,球员受伤后,即使不影响训练,也需要尽早采取处理措施,积极参加康复训练。青少年球员的康复训练应该在医生和教练员的监督下进行,以避免用力不当而加重伤情。

第三节 足球后备人才训练效果的评价

一、足球后备人才体能训练效果评价

(一)力量评价

以掷界外球测试为例。在平整的足球场上,在规则要求的界外球规格条件下进行界外球掷远练习,用测量尺测量距离。掷两次,取其中最好成绩。距离越远,力量越好。

(二)速度评价

以 5×25 米折返跑测试为例。如图 6-6 所示,受试者要从场地一端起始线跑到画好的各条线处并回到起始线,受试者起动时开始计时,依次跑完所有画好的线后冲过起终点线时停止计时。间歇 2 分钟后再测试,取其中最好的成绩。

(三)耐力性评价

以跑固定距离测试为例。按要求前进、侧向跑、后退、转身、障碍跑以及跳跃,共做四个测试循环(图 6-7)。

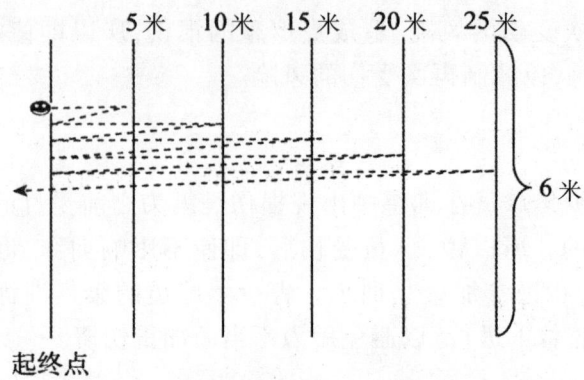

图 6-6　5×25 米折返跑[1]

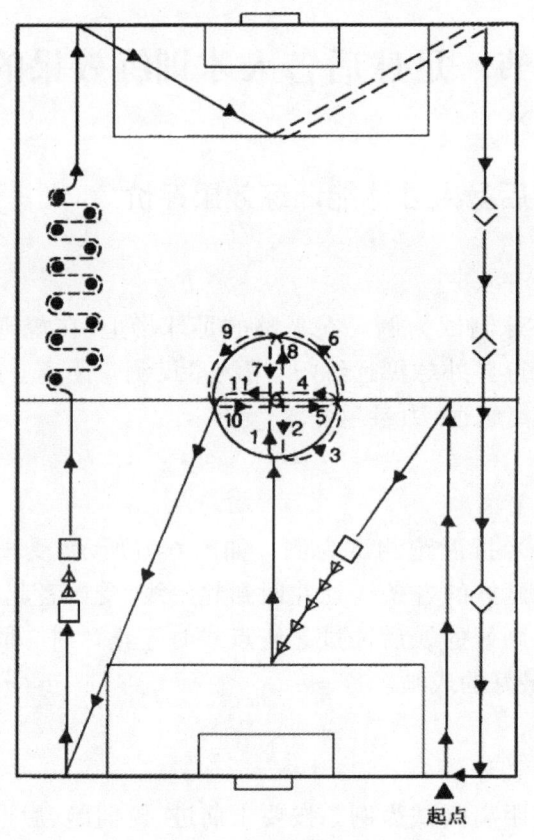

图 6-7　跑固定距离[2]

---

① 周雷. 足球 [M]. 北京：高等教育出版社, 2004：57.
② [瑞典] 比约恩·埃克布洛姆(Bjon Ekblom). 运动医学与科学手册：足球 [M]. 陈易章, 等译. 北京：人民体育出版社, 2003：42.

第六章　足球后备人才科学训练的管理

（四）灵敏性评价

以往返冲刺跑测试为例。包括 7 个 34 米的冲刺跑，其间穿插 25 秒的积极性恢复期。从 A 出发穿过标志物（高于 160 厘米）到达 B，然后在 25 秒内慢跑回到 C。这项测试由 7 次冲刺跑和 6 次恢复性慢跑组成。每位受试者 7 次冲刺跑的时间分成三种不同的测试结果：

（1）最快冲刺时间。

（2）7 次冲刺跑的平均时间。

（3）疲劳指标：最慢冲刺跑时间减最快的冲刺时间。

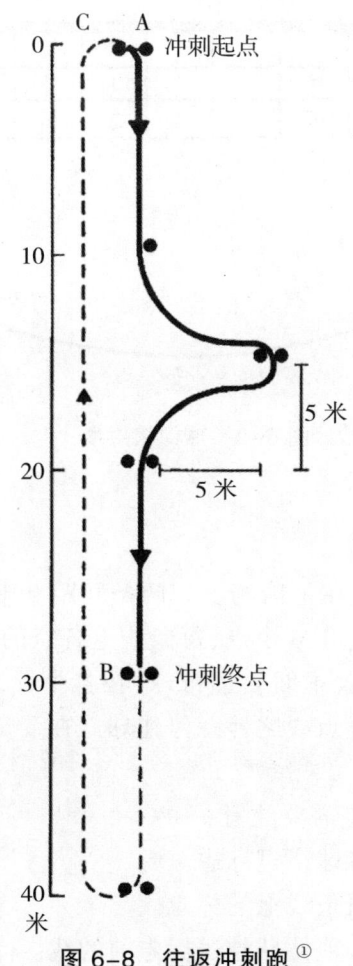

图 6-8　往返冲刺跑[1]

---

[1]　[瑞典] 比约恩·埃克布洛姆（Bjon Ekblom）. 运动医学与科学手册：足球 [M]. 陈易章，等译. 北京：人民体育出版社，2003：43.

二、足球后备人才技术训练效果评价

(一)传球技术评价

以球门墙射准测试为例。如图 6-9 所示,罚球弧线外侧共放 10 个球,中间 4 个,两角各 3 个。受测试者左脚踢 5 个球,右脚踢 5 个球,记录每个球的得分。如果射中点正压在区分线上,记录两部位的平均分。

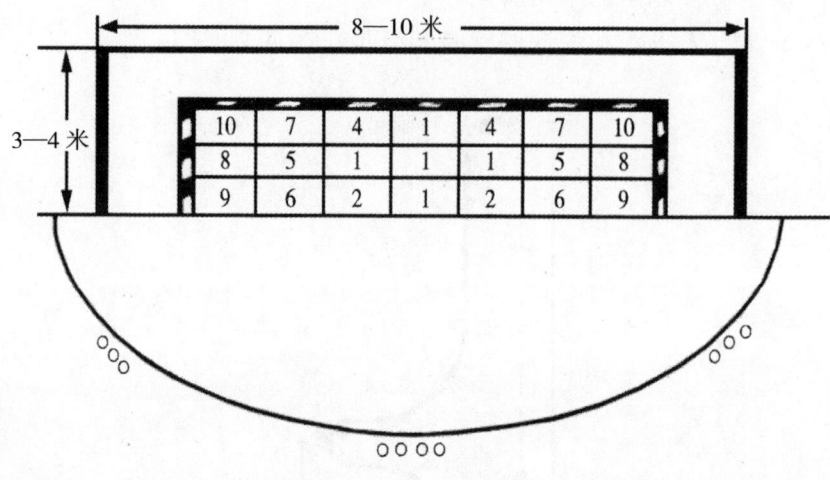

图 6-9　球门墙射准[①]

(二)运球技术评价

以折线运球为例,在足球场上划两条间距 9 米的平行线,在平行线上分设 A、B、C、D、E、F 6 个点,每条线上各点的距离不等(图 6-10)。受试者在起点线后沿着虚线轨迹带球,在各个标志前过线后折线变向运球,在 E、F 之间的终点线之外踩停住球。在受试者起动时开始计时,停住球后计时结束。

测试时有以下几点需要注意:
(1)受试者不得带球绕过标志。
(2)避免球触碰两条线上的标志。
(3)运球折返时必须使球越过标志前的线。

---

① 周雷. 足球 [M]. 北京:高等教育出版社,2004:56.

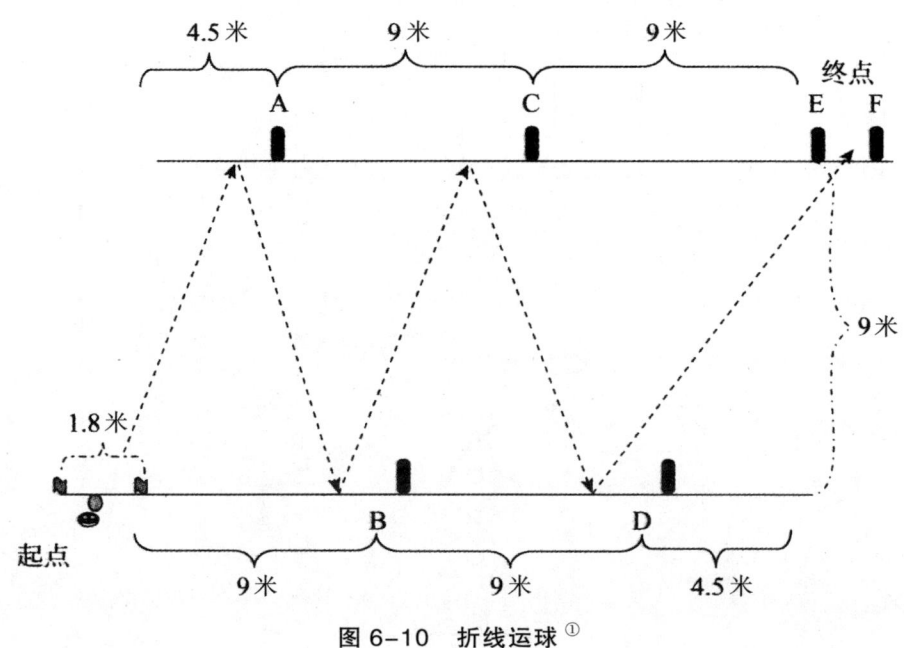

图 6-10 折线运球[1]

（三）射门技术评价

1. 绕球射门

如图 6-11 所示，带球绕过 6 根标杆后射门，球过球门线停表。带球时不能漏杆（如漏杆要补上），并在罚球区外完成射门动作。球不进的情况下加时 2 秒。

2. 接球转身射门

放置 4 个足球分别对准 4 根球门柱。受测者站在罚球弧顶 2 米前，每人有 3 次接应射门机会，分左、中、右移动接应球后射门。要求接球时在 3 次触球内完成射门动作，超过 3 次则无效；左、中、右传球距离 10 米，要求在罚球区外完成射门，否则无效。

---

[1] 周雷. 足球 [M]. 北京：高等教育出版社，2004：57.

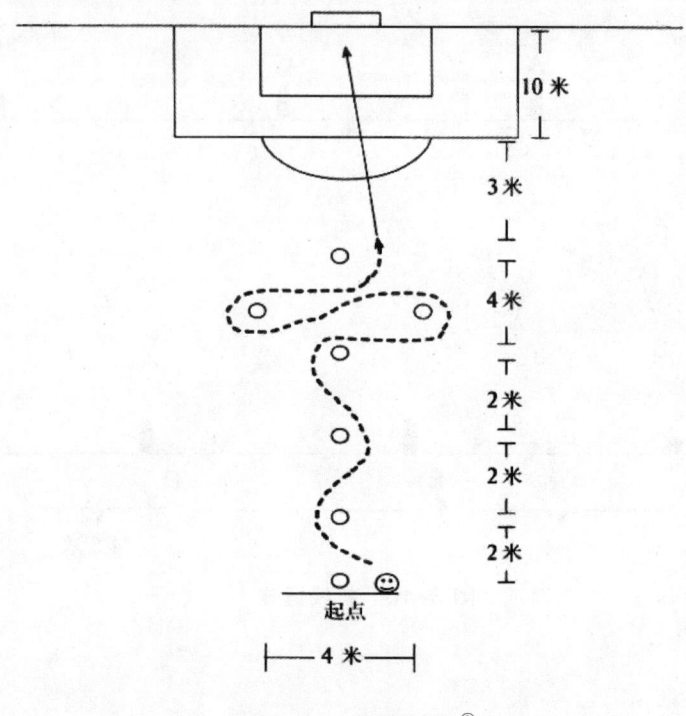

图 6-11 绕球射门[1]

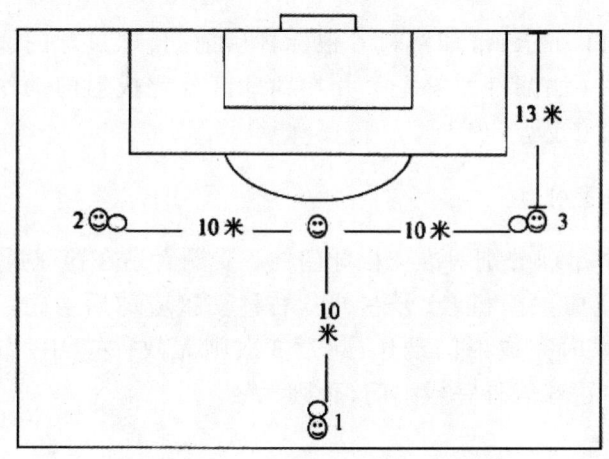

图 6-12 接球转身射门[2]

---

[1] 庄小凤,沈建华. 校园足球[M]. 上海:上海教育出版社,2014:62.
[2] 同上.

第七章　足球后备人才的选拔与培养

经过多年来的发展,我国职业化足球取得了一定的成绩,但整体足球运动水平与欧美等强国甚至亚洲的日韩等国相比依然存在着不小的差距。我们的近邻日韩近些年来都涌现出了大量的高水平的足球运动员,这些运动员遍布世界各地,有一部分甚至在"五大联赛"中站稳了脚跟,这与我国形成了鲜明了对比。中国足球之所以落后于其他国家,没有获得快速健康发展的原因是多方面的,其中一个很重要的原因就在于我国足球后备人才的选拔与培养存在问题,没有建立一个健全、完善的足球后备人才培养体系。

第一节　足球后备人才选拔的具体操作

一、足球后备人才选拔的理论依据

要想选拔出优秀的足球后备人才,就要遵循一定的选拔理论,以此为依据展开一系列选拔活动,这样才能实现选拔的目标,选拔出高质量的足球后备人才。

足球后备人才选拔的理论依据主要有以下几个方面,选拔者一定要学习和掌握这些选拔的理论依据,避免出现失误。

(一)专项运动特点及优秀运动员的模式特征

"优秀运动员的模式特征"是指从客观的角度上来科学描述高水平的运动员在最高竞技状态时,各主要竞技能力因素状态模型。

运动员竞技能力的高低,受各方面因素的影响,这些因素主要分为先天性和后天培养两个方面。先天性因素主要指的是运动员的身体条件,后天因素主要指的是运动员的训练环境和条件等。

伴随着竞技体育的不断发展,运动训练学理论也日益丰富。有很多的专家及学者对运动专项和训练特点等进行了详细的研究与论述,逐渐构建了一个专项优秀运动员竞技能力要素的理想模式,这为足球后备人才的选拔提供了良好的理论依据。

(二)现代科学技术的发展

足球后备人才选拔是一项非常重要的工作,很长一段时间以来我国对这项工作都没有引起高度的重视,这就导致我国高水平的足球人才非常稀少,足球运动水平很难得到快速的发展。可以说,足球后备人才的选拔工作是在科学技术与生物科学的基础之上进行的,并且随着科学技术与生物科学的发展而发展。

伴随着现代社会的高速发展,各种先进的科学技术在社会各个领域都得到了广泛的应用。其中,体育也是现代科学技术应用的重要领域之一。比如,血液成分的化验手段,电子计算机及现代科学仪器监测等的应用,这些都为足球后备人才的选拔提供了重要的理论依据和技术支持,非常有利于我国足球运动的可持续发展。

(三)国家的重视和运动员、教练员长期的实践经验

对于竞技体育而言,后备人才的选拔至关重要,这关系到体育事业发展的兴旺。对于我国足球而言,也要重视后备人才的选拔。经过多年来的不懈努力,我国在足球后备人才选拔方面也取得了一定的成果,积累了相关的经验,足球后备人才选拔的理论和方法都得到了一定的提升,研究的深入程度和具体程度也有所提高。

二、足球后备人才选拔的原则与方法

(一)足球后备人才选拔的原则

1. 广泛性原则

足球后备人才的选拔非常重要,这一项工作应当作我国足球运动发展的重要内容来抓。这是因为,青少年运动员是足球后备人才的主

第七章　足球后备人才的选拔与培养

要来源。

我国地域辽阔,同时也是一个人口大国,这就为我国足球后备人才的选拔提供了良好的条件。为了保证人才选拔范围的广泛性,一定要充分利用各种手段与方法尽可能地对各个地区的人才进行选拔,从而达到不放过一个人才的目的。如果在足球后备人才的选拔过程中,遇到设备条件不足的情况,就需要进行重点测试,其对象也是经过比赛选拔出的足球运动员。

在足球后备人才选拔的初级阶段,选拔人员要做好广泛的调查,在此基础上才能做重点测试。需要注意的是,足球后备人才的选拔,并不只是科研方面的事,而是整个体育界的工作。只有使更多的体育工作者掌握了科学的人才选拔理论与方法,才能挖掘与培养出大量的优秀的后备人才,从而促进我国足球运动的可持续发展。

2. 可靠性原则

足球后备人才的选拔还要遵循一定的可靠性原则。这一原则是指在足球后备人才的选拔过程中,要保证所用到的测试器具、测试方法保持统一性和规范性,另外评价的结果也要保证客观性和准确性。

遵循可靠性原则,需要注意以下几个方面:

(1)在足球后备人才选拔开始之前,首先要明确人才选拔所用到的测量器具、指标、测量部位和测量方法,将标准要求统一明确下来,从而保证测量数据结果的客观性和可比性。

(2)足球后备人才选拔的测量结果,并不是凭单次测量就能确定的,要运用相同的测量手段进行多次测量,并且依据结果的相同程度进行判断和评价。

(3)选拔测试阶段结束后,需要对相关数据做客观的评价,严禁工作人员以主观意愿进行判断,要保证评价的客观性、正确性,要依靠科学的依据进行评价。

(4)在对足球后备人才的能力、应达到的水平等的预测一定要保证准确性和可靠性。

由于足球后备人才是不断成长的,足球运动本身也是不断发展的,因此,足球后备人才选拔所用到的方法、手段以及涉及的内容也要随之发生变化,但是,无论发生什么样的变化,都要坚持可靠性原则,为选拔出高素质的人才奠定良好的基础。

3. 实效性原则

足球后备人才的选拔要讲究一定的实效性。选拔的目的在于选拔出优秀的足球人才，以此为出发点，来选用合理的人才选拔方法、手段及内容，通过细致的多方面的测试预测以及多年的跟踪观察和最终实践验证，来将那些适合足球运动的人才选拔内容、方法手段确定下来。同时，这样还能更加正确、恰当地反映早期足球后备人才选拔的各因素指标和要求。

遵循实效性的基本原则，就是指要做到保证人才选拔的内容、方法手段、指标体系等都具有针对性和有效性，保证选拔出高质量的人才。

4. 因人因项制宜原则

在足球后备人才选拔过程中，要以足球专项要求和青少年运动员的个性特点的不同为依据，有针对性地确定测试内容、手段与方法、指标要求、预测方向等，这就是所谓的因人因项制宜原则。这一原则在足球后备人才选拔中得到了广泛的利用。

一般来说，影响运动员运动成绩的因素主要有身高、弹跳能力、耐力、运动能力、心理素质等多个方面，这些方面都会或多或少地对运动员的运动能力造成影响。因此，在进行足球后备人才选拔的过程中，要在具体测试的要求及方法上有一定的针对性。在进行足球后备人才选拔时，首先要确定决定运动成绩的主导因素，再采取最适宜的人才选拔方法手段予以测试。

因人制宜指的是对所要选拔的青少年运动员的性别、年龄、训练年限、个人环境差别和个人条件等进行综合考量，对选拔对象的各个方面进行客观的评价和预估，从而提高选拔的质量和效果。

5. 多因素综合分析原则

运动员运动水平的高低主要受先天因素和后天因素的影响。在足球后备人才选拔的初级阶段，要将对足球后备人才的先天运动能力因素的测评和分析作为关注的重点所在；而伴随着人才选拔层次的不断提高，对足球后备人才后天运动能力的测评和分析逐渐加大，后天因素的关注度要比先天因素更高。

对于一名职业足球运动员来讲，其成绩的好坏取决于各方面因素的影响。在众多的因素中,如果一个方面存在不足就会对运动成绩产生不良的影响,而其他突出和优秀的地方,则能在一定程度上弥补运动员的缺陷。在足球后备人才的选拔中,要对各种考察和测定所得结果进行深入细致的分析,把握好影响人才发展的主要因素,为人才的发展创造良好的条件。

6. 当前测评与预测未来相结合的原则

足球后备人才的选拔不是盲目进行的,而是需要建立在一定的科学理论和方法基础之上。在选拔与测试的过程中,要对运动员未来的专项运动能力进行准确的预测。

足球后备人才的测评并不是目的,而是一种手段,是预测后备人才发展的前提或基础,而预测或判断足球后备人才未来是否能成为优秀的足球运动员则是其最终目的所在。可以说,预测在足球后备人才的选拔中居于绝对的核心地位。

(二)足球后备人才选拔的方法

1. 足球后备人才选拔方法的划分

依据不同的划分标准,足球后备人才的选拔可以分为多种方法,其中常见的主要有以下几种。

(1)按照选材的基本因素划分

依据选材的基本因素划分,可将足球后备人才的选材方法分为遗传选材方法、年龄选材方法、体型选材方法、身体素质选材方法、生理机能选材方法、生化特征选材方法、心理选材方法、运动技能选材等几种。以上这些选材方法都是较为常见,应用比较广泛的,选材人员一定要掌握以上几种选材方法的能力,选拔出合格的人才。

(2)按照选材发展的科技水平划分

按照选材发展的科技水平,可以将选材方法分为以下三种:

①经验法。经验法就是指通过借鉴过去选材的成功经验和失败教训,来对目前的足球后备人才选拔进行科学的评价、预测的方法。

②追溯法。追溯法就是指对足球后备人才过去(成长过程)的情况进行追溯,并通过借鉴制定选材模式,来进行足球优秀后备人才选拔的方法。

③科技法。科技法就是指通过采用科学的测评方法手段,通过客观测定的数据或结果来进行足球后备人才的选拔。这一方法讲求客观性,因此,也被称为科学化法。

(2)按照选材工作类别划分

依据选材工作类别可将足球后备人才的选材方法分为运动选材的组织管理方法、选材指标筛选方法、选材标准确定方法、选材指标测试方法、选材测试结果评价方法、选材结果检验方法、选材预测方法。

(3)按照选材层次划分

依据后备人才的选材层次划分,可以分为初级选材阶段选材方法、中级选材阶段选材方法、高级选材阶段选材方法。

2. 足球后备人才选拔方法的特点

(1)客观性和可靠性特点

足球后备人才选拔的对象主要是青少年运动员,这是一种客观存在的社会现象,因此选材方法就呈现出一定的客观性特点。而选拔方法的可靠性则主要针对的是足球后备人才选拔方法中的测试器具、测试过程、测试结果的评价和预测这些方面提出的要求,要保证这些方面是客观的、正确的、统一的并有可靠的科学依据的。

(2)系统性和层次性特点

由于运动能力的组成因素具有系统性,相应的,足球后备人才选拔的方法也具有这一显著特点。这一特点主要从选材层次、选材年龄、选材内容、选材指标、选材标准以及选材的组织管理方法等方面得到体现。

一般的,我国足球后备人才选拔的层次主要有基础、初级、中级、高级选材四个层次。每个层次有初选、复选、定向、决选四个阶段。其中,中高级层次选材可无定向阶段。由于足球后备人才选拔的层次不同,这就决定了所测评的内容及方法也是有所差别的。它们之间的关系为层次越高,运用方法越多,耗时越长,各测试指标标准越高,测评考察的深入细致程度也就越高。

(3)多样性和综合性特点

任何一种单一的选材方法都无法保证选材的客观性、科学性和可靠性。因此,要想达到这一目标,就需要采用多种选材方法进行综合运用。这是选材工作的需要和发展趋势。通常来说,足球后备人才选拔所用到的这些选材方法既是互补的,又是可以独立存在的。在选择和运用其进行足球后备人才选拔时,为了保证选拔的效果,需要综合权衡,决定取舍。

三、足球后备人才选拔的指标体系

(一)身体形态指标

1. 身高

身高指标,能够将一个人的身体发育水平反映出来。在足球后备人才选拔过程中,可以事先对备选人才的身高进行较为准确的预估。虽然足球运动对运动员的身高没有绝对的要求,但也是其中一个重要的指标。

2. 去脂体重

去脂体重能在一定程度上反映人的生长发育状况和营养状况。一般情况下,体脂成分越高,人体中肌肉含量越少,也就说明今后肌肉系统潜在发展能力越低。足球后备人才选拔对去脂体重是非常重视的,一定要将其作为一个重要的选拔指标。

(二)生理功能与生化指标

足球比赛充满了身体对抗和竞争,因此强大的对抗实力是足球运动员必须具备的重要能力,这就要求运动员必须具备出色的呼吸系统和心血管系统能力。

一般情况下,足球后备人才选拔过程中,需要考虑的生理功能与生化指标主要有以下几个。

1. 最大摄氧量

最大摄氧量就是人体的呼吸循环等机能在最高水平的时候单位时间内所摄取的最大氧量。通过其数值能够将人体吸进氧、运输氧和利用氧能力反映出来。足球是一项有氧与无氧的混合型运动,最大摄氧量会对足球运动员的身体机能水平产生直接影响,因此,在选拔足球后备人才时,一定要综合这方面的因素。

2. 心率

心率，指的就是人体每分钟心脏搏动的次数，这一指标非常常见，测量起来比较方便。一般的，心率越快，心输出的血量就越多。可以说，心率的变化情况能在一定程度上反映出人体的机能发展状况。因此，在足球后备人才的选材中要将心率作为一个重要的选拔指标。

3. 血乳酸

在人才选拔指标体系中，血乳酸也是一个非常重要的参考指标。根据血乳酸的指标，能对训练强度进行很好的控制和调整。需要注意的是，影响人体血乳酸水平的因素有很多，如基因遗传、运动强度、训练水平等，在选拔的过程中要综合考虑。

（三）运动素质指标

身体素质是运动员训练和比赛的重要基础，没有一个良好的身体素质是难以完成训练和比赛的。运动员身体素质水平的高低，在很大程度上决定着运动技能水平。因为没有一定的身体素质做保证，技战术就难以得到有效的发挥。身体素质是由健康素质和运动素质构成的。通常情况下，足球后备人才的运动素质指标主要有以下几个方面。

1. 速度素质

在足球运动中，速度素质非常重要，良好的速度素质能加快攻守速度和节奏，在争取主动权方面有一定优势。可以通过30米、60米和100米跑来检测运动员的速度素质。

2. 耐力素质

耐力素质也是足球运动员的基本素质。一般情况下，人的耐力素质的好坏，主要取决于人体循环系统、肌肉系统、呼吸系统、神经系统水平这几个因素。我们可以通过800米、1500米计时跑等来简单地检测运动员的耐力素质。

3. 力量素质

在足球运动员的力量素质中，爆发力和快速力量是其中重要的内

第七章　足球后备人才的选拔与培养

容。对于足球运动员而言,良好的腰背肌力也是不可或缺的,只有具备这些力量素质,才能保证其完成比赛中大量跑、跳、抢等动作。可以通过收腹举腿测腹肌力、三级蛙跳测试等方式测试运动员的力量素质。

4. 弹跳素质

作为一名出色的足球运动员,具备基本的弹跳力素质也是非常重要的。一般来说,足球运动员的弹跳能力会对足球比赛中的控制权产生直接的影响。运动员的弹跳素质与爆发力、无氧代谢能力和全身协调能力之间也有一定的相关性。我们可以通过助跑单脚摸高的方式来测试运动员的弹跳素质。

5. 灵敏素质

足球属于一项攻守对抗非常激烈的运动,在比赛中,运动员对球权的争夺、对时空的控制等都要求其具备良好的灵敏素质。可以说,灵敏素质是各种素质和运动技能在运动中的综合表现。我们可以通过十字跳的方式来测试运动员的灵敏素质水平。

(四)心理指标

心理素质也是运动员应该具备的重要素质,一般来说,足球运动员的心理指标主要有以下几个方面。

1. 操纵准确度

操纵准确度,就是指运动员用手、臂或脚快速、准确完成较大任务的能力。对于足球运动员来说,传球、盘带、射门等对操纵准确度都有非常高的要求。

2. 上下肢协调性

上下肢协调性,就是指一个人用手和手、手和脚或脚和脚的协调和配合动作的能力。足球运动员在做摆脱过人等技术动作时,就要求必须具有非常好的上下肢协调能力,这也是足球后备人才的一个非常重要的指标。

3. 反应时

反应时，就是机体对某个刺激快速做出反应的能力。一般情况下，反应时的长短能够在一定程度上反映运动员的起动反应能力，如足球比赛中罚角球时运动员争抢头球的能力。一般来说，不同的足球后备人才的心理运动能力是有着显著的差异性的，在选拔时要具体情况具体分析。

（五）智能指标

每一名运动员都是不同的，无论是身体素质还是心理水平、运动素质等方面都存在着一定的差异。除此之外，个体的智能水平也是不同的，主要原因在于先天的遗传以后后天环境的影响，其中，教育的作用尤为显著。

一般来说，人的智能主要是通过行为表现反映出来的，行为表现的物质基础是神经系统。神经系统在人体生长发育过程中是最早形成，且最早定型的。在足球后备人才的选材中，也不要忽略了智能这一指标，这一指标将会对运动员的未来发展产生深远的影响。

第二节　足球后备人才培养的模式与要求

一、足球后备人才培养的模式

一般来说，我国足球后备人才培养的模式主要有以下几种。

（一）三级训练体制下的培养模式

三级训练体制，主要指的是业余体校、省市地方队、国家队训练体制相结合的一种训练形式，是我国所特有的一种体制或模式。这一体制在发展之初起到了非常重要的作用，在这一体制下，我国涌现出了一大批高水平的运动员。在这一模式下，足球后备人才培养的资金来源主要是政府部门的财政拨款。这种模式的主旨是实现国家制定的竞赛目标，其功能是为国家培养专业的运动员，属于一种国家意志化和

第七章　足球后备人才的选拔与培养

政治功能化的特殊竞技模式。通过这一培养模式的使用,我国的竞技体育水平得到了迅速的提升,在足球领域,也出现了一些优秀的足球运动员。

综合来看,三级训练体制下的培养模式主要有以下几个优点。

1. 节约性

在三级训练体制下,足球后备人才的培养模式可使足球运动员培养的"专业化"体系得到科学、合理的利用,并能最大限度地发挥出这一体系的优越性,为足球运动的健康发展提供良好的保障。

2. 稳定性

在三级训练体制模式下,足球运动后备人才能获得全面的发展,各方面都能保持一定的稳定性,非常有利于足球运动的可持续发展。

3. 高效性

在三级训练体制下,可以集中有限的资源为足球运动的发展提供良好的保障,使有限的资源得到充分利用,以培养出优秀的足球运动员。这是这一体制高效性的重要体现。

大量的实践与事实表明,这一人才培养模式曾经在我国足球运动发展的过程中起到了非常重要的作用。然而,随着现代竞技体育的不断发展,这种模式受到了极大的冲击,其忽视文化教育、忽视后备人才发展等弊端也日益显露出来,这就需要加以改进与完善。

(二)学校业余训练模式

学校是人才培养的一个重要基地,为挖掘具有运动天赋的运动人才,我国出现了学校业余训练模式。这一模式就是在体育教学和课外体育活动的基础上,开展各种形式的业余训练,在课余时间组织有足球天赋与特长的学生参与足球训练和比赛,以促进学校足球运动队竞技水平的提高,促进校园足球发展。这种模式的训练时间较为灵活,具有很强的可操作性,对于学生足球运动水平的发展和提高具有重要的意义。

目前来看,受各种因素的影响,我国学校业余训练模式还存在不少问题,需要进一步的改进与完善。具体如下所述:

（1）有很多的学校足球场地设施不足,不能很好地满足学生学习足球的需要。

（2）足球教师或教练员的综合水平较低,对于学生运动技能及综合素质的发展无法提供有效指导。

（3）目前,我国足球比赛比较涣散,还没有形成一定的系统和规模。普通学校中通过业余训练参加竞赛的学生数量少,水平低。可以说,体育系统内业余体校的学生将教育系统内的足球比赛当作了自己的练习场,因此很难保证比赛的质量。

（4）中小学中参加足球训练的学生数量不多。这主要是受传统观念影响和制约的结果。大部分家长只重视文化课程的学习,担心孩子参加训练会影响文化课成绩。学校也是如此,为提高升学率,占用体育课,占用足球训练与比赛的时间来安排文化课程的教学。

学校业余训练模式的种种问题,使足球运动竞技的发展乃至全国足球后备人才的培养受到消极的制约与影响。因此,作为原有竞技体育后备人才培养的辅助系统,学校业余训练模式并没有发挥自身应有的作用。

（三）职业俱乐部青训人才培养模式

目前,足球发达国家的职业联赛已经处于高水平的发展阶段,并且已经形成了非常完善的职业俱乐部青训人才培养体系,涌现出了一大批优秀的足球运动员。20世纪90年代,我国成立了足球职业联赛,在此之后中国足球开始向着职业化的道路前进。但需要注意的是,由于我国职业足球的起步较晚,且基础水平较低,因此与其他足球发达国家相比存在着很大的差距。但是,足球职业化的这一发展方向是正确的,在今后的发展中,需要我们主动吸收和借鉴国外足球发达国家的先进经验,并结合我国的具体国情,走出一条特色化道路。相信在不远的将来,我国也会涌现出大量的高水平足球运动员。

二、足球后备人才培养的要求

足球后备人才的培养是一项十分重要的工作。因为足球运动的发展是建立在人的发展基础之上的,如果缺乏高素质的足球后备人才,足球运动就很难获得健康持续的发展。我们在进行足球后备人才培养的

第七章 足球后备人才的选拔与培养

过程中需要注意以下几个方面的要求。

（一）制定明确、切实可行的培养目标

为促进校园足球后备人才的培养，首先就要制定一个切实可行的培养目标，这是最为重要的基础。在具体的实践中，教练员要调查与掌握每一名运动员的基本情况，从而确定合理的培养目标。每一名运动员都是不同的，在身体条件、运动基础、运动动机等方面都存在着不小的差异，因此，在培养目标的制定上要因人而异。例如，有些青少年球员是因为对足球的兴趣参加的，有些可能是因为在父母的要求下参加的。而无论是哪种原因，一旦成为球员，教练员就有责任帮助他们制定切实合理的目标，否则就不利于运动人才的发展。

由于每一名运动员在运动基础、训练水平等方面都存在较大的差异，因此训练体系的创建一定要合理。在构建运动人才训练体系的过程中，要注意不同年龄阶段运动员训练的内容和要求，无论是对哪一个年龄阶段的运动员进行足球训练，在安排和培养目标上都要有一定的针对性，这样才能促进每一名足球后备人才的发展。

（二）创造轻松有趣的训练氛围

在足球训练课上，教练员要善于观察运动员的一举一动，想尽一切办法创造一个轻松愉快的训练氛围，以提高后备人才参加足球训练的积极性。在青少年足球训练的早期阶段，教练员不要过早地固定球员场上的位置。这一阶段的训练是帮助运动员了解和熟悉场上所有的位置。教练员在设计训练项目时要具有一定的创造性，能引起学生自觉参与的兴趣。

需要注意的是，对足球运动员的培养，不要过分追求最终的比赛成绩和结果，而是着重于场上球员的实际表现。教练员应该对青少年运动员的训练给予积极、鼓励的态度，为他们创造一个轻松的足球训练氛围，这样才能有利于足球运动员的培养和发展。

（三）提高教练员的教学专业水平

在足球后备人才的培养中，教练员起着重要的引导作用。在教练员的指导下，运动员参加训练活动，提高训练水平。教练员要想提高足球运动员的训练水平，首先就要具备全面而丰富的足球知识和足球专业水平,这就需要建立一个教练员培训部门,加强教练员的培训和管理。教练员要充分利用培训的机会,不断提高自身的足球综合素质与水平,从而为运动后备人才的发展创造良好的条件。

(四)提高教练员的观察力和思考能力

教练员自身能力的提升非常重要。在平时的培养与训练中,教练员要十分注重注意提高自己的观察能力和思考能力,这对于自身组织与管理学生参加训练和比赛具有重要的帮助。在具体的培训中,教练员要选择适合运动员身心发展特点的练习活动,每开始进行一个新的练习,都要仔细观察队员们对这项练习的反应、难易程度和强度大小等情况。通过多方面的观察,进一步提高自身的思考能力,真正地发现足球训练中存在的问题,并能尽量去改善练习,以达到更好的训练效果的目的。除此之外,教练员还要设计出一套行之有效的训练方案,帮助运动员有效提升自身的运动水平。

第三节 国内外足球后备人才培养的对比

一、中、日、德足球后备人才培养现状

(一)中国职业足球俱乐部后备人才培养现状

早在20世纪90年代,中国足球就走上了职业化发展的道路。但是,在这一阶段,由于在一定程度上忽视了修正"举国体制"下后备人才培养体系的问题,没有将足球后备人才的培养放到一个突出的位置,导致我国足球运动水平落后于欧美等国家。

很长一段时间以来,我国的体育人才培养实行的是"举国体制"。在这一体制之下培养出的足球后备人才很难适应足球职业发展的需要,不利于足球运动的发展。在这一体系之下,青少年足球培养资源十分稀缺,并且培养主体各自为政,各行其道的无序、失效的结构,最终导致了青少年后备人才培养普及面小,规模锐减,成才率低,质量不高。

伴随着当今社会市场经济的不断发展,中国足球后备人才的培养

第七章 足球后备人才的选拔与培养

也逐步跟上了时代发展的形势,职业足球俱乐部发展非常迅速。截至目前,我国绝大部分的中超俱乐部都建立了二线队伍,而像山东鲁能俱乐部、广州恒大俱乐部等甚至还建立了自己的足球学校,这对于我国足球后备人才的培养是十分有利的。

目前,我国职业足球俱乐部后备梯队呈现出多级化的特点。一般情况下,受成绩压力的影响,一般一线球队较受关注,二、三线队伍受到忽视,这就很难培养出一大批高素质的后备人才,这一状况需要今后加以改进。

(二)日本职业足球俱乐部后备人才培养现状

与中国足球相同,日本的职业足球联赛也是在20世纪90年代开始的。在职业联赛成立之初,主要包括18支J1联赛的队伍和19支J2联赛队伍。成立职业联赛后,日本足球发展迅速,其竞技水平一直居于亚洲前列,同时也涌现出了大量的高水平运动员。

日本非常重视足球后备人才的培养。日本对加入J1联盟的俱乐部有着严格的要求,要求加入的俱乐部,必须有二、三、四梯队,分别为16—18岁以下青年队,13—15岁准青年队,8—12岁少年队,对运动员的年龄限制较为严格。因此,日本每支J联赛的球队都有非常完备的二、三线队伍。

除此之外,球员加入足球俱乐部需要接受专门的技术培训和指导,同时还要参加各种训练与比赛。各俱乐部后备队伍之间定期参加比赛,使俱乐部的青少年运动员能在比赛中得到实战练习,积累实战经验,并逐渐成为优秀的职业足球运动员。[1]

综上所述,日本职业足球俱乐部重视后备人才培养、增强自我造血功能起到了非常重要的作用,在职业足球俱乐部体制下,保证了足球后备人才源源不断地输送。

(三)德国职业足球俱乐部后备人才培养现状

很长一段时间以来,德国足协都非常重视职业足球俱乐部的发展,对乙级以上足球职业俱乐部的建设具有严格的规定。通过多年来的发

---

[1] 董海鹏.中、日、德青少年足球后备人才培养体系对比研究[J].青少年体育,2015(05):19-21.

展,德国已建立和形成了较为完善的职业足球俱乐部梯队,为德国培养和输送出了大量的高水平运动员。

目前,德国足协规定乙级以上俱乐部必须有包括不同年龄段的球队,并且球队的数量应该保证在7支以上。德国足协对青少年运动员的培养非常重视,通过足球基地、足球俱乐部、学校建立起来了足球后备人才的培养模式。

在德国足球后备人才的培养中,竞技中心发挥着至关重要的作用。每一个俱乐部的竞技中心都建有寄宿学校,学校的师资队伍建设比较完善,有一般文化课教师、家庭教师,当然也包括足球教练员。对德国的足球基地来说,每周训练的次数为四次,每组不超过30名运动员德国青少年足球选手将在遍布全国的各个训练基地接受额外的培训,每周一次。与在俱乐部不同,训练基地的教练有足够的时间对每位小选手进行单独的指导。德国现有8000多万的人口,足球基地有388个,俱乐部有17万家,球队有26万支,其中注册足球俱乐部有2.7万多家,注册球员有600多万,其中注册球员与人口比例约为1/14,而每15名注册球员中就有一名14岁以下的儿童。

总体来看,德国的职业足球俱乐部都非常重视运动员文化素质的培养。在训练的同时还会加强运动员的文化课成绩考核,如果文化课考核不达标,就会被强制减少足球训练时间,文化课成绩非常差则可能被停训或停赛。在这样的培养模式下,德国足球运动员的综合素质普遍较高。

二、中、日、德足球后备人才培养对比分析

结合我国职业足球俱乐部发展来看,中、日、德职业俱乐部在足球后备人才的培养方面主要存在以下几个方面的不同。

(1)与日、德等国相比,中国职业足球俱乐部的后备梯队相对较少,人员也不是很充足。

(2)中国职业足球俱乐部的U19以下数量与日、德相比,存在较大差距。

(3)中国后备梯队的周训练次数、周训练时间均比日、德的职业足球俱乐部后备梯队要少很多。

(4)日、德有专业教练员对后备人才进行指导,培养方法方面我国

比较落后。

（5）日、德职业足球俱乐部后备梯队球员数量巨大,各个年龄后备梯队分布均匀。

（6）日、德职业足球俱乐部成员同时分布在各大、中、小学校中,在兼顾训练的同时也保证了青少年足球运动员能接受正规的文化学习。而我国俱乐部对后备人才的培养将训练放在第一位,忽视文化素质培养。

（7）中、日、德职业足球俱乐部都很重视一线队的成绩,不同的是,日、德在重视一线队伍的同时还非常重视后备人才的培养与发展。而我国职业足球俱乐部过于看重短期经济利益,在一定程度上忽略了后备人才的培养,这对于我国足球的可持续发展是非常不利的。

第四节　我国校园足球发展与后备人才培养的策略

一、我国校园足球发展的策略

（一）明确校园足球的发展定位

校园足球可以说是我国足球运动可持续发展的重要基础,作为一个人才培养基地,校园足球承担着为我国培养高素质足球后备人才的重要任务。为促进校园足球运动的健康发展,首先我们要明确校园足球的发展定位,认真研究与分析校园足球的发展背景及战略,从而准确把握校园足球发展的态势。

虽然近些年来我国逐步加大了足球运动发展的力度,采取了大量的措施与手段来提升我国的足球运动水平,但总体而言,目前我国的足球发展水平与欧美等强国以及亚洲近邻日韩等国还有着不小的差距。近些年来,我国青少年足球人口也在不断减少,导致足球选材的范围非常小,这对于我国足球运动的可持续发展是非常不利的。为推动我国足球事业的进一步发展,我国政府明确指出,要"坚持体教结合,大力发展校园足球"。在这一形势下,国家体育总局与教育部以此为契机,开展了大量的全国青少年校园足球活动,为我国校园足球的发展创造了良好的氛围。足球回归校园可以说是我国青少年足球后备人才培养模式的一个战略选择。在校园足球后备人才培养的过程中，我们要重点解决"规模小、质量差、成本高"等问题，只有创造一个浓厚的校园足球环境和氛围，才有可能挖掘与培养出大量的高素质的足球人才。

在新的时代背景下，我国校园足球发展的重中之重主要包括两个方面。一方面是加强足球运动的宣传与推广；另一方面是构建一个健全和完善的足球后备人才培养新模式，培养出一大批新型的足球人才。在校园足球发展的过程中，学生是这一培养模式的参与对象，要尽可能地为学生提供一个良好的运动环境，这样学生学习足球的兴趣才能得到有效激发，足球技能才能得到提升。校园足球是阳光体育运动的一项重要内容，校园足球活动的开展能够使足球与学校其他体育运动之间相互包容，使学校体育运动能够接纳足球运动，并组织与开设校园足球课程，开展校内外足球活动与比赛。校园足球活动是一种特殊的教育方式，我们要明确校园足球发展的基本定位，努力促进足球运动的可持续发展。

在校园足球运动发展的过程中，除了加强学生的身体素质、运动素质等方面的训练和提高外，还要建立一个普及和提高足球运动协调发展的工作机制，这有利于足球后备人才的挖掘与培养。

（二）加强对校园足球活动的舆论宣传

当今社会是一个信息化社会，各种事物的发展都离不开信息传播，校园足球运动的发展也是如此。在当今信息化背景下，校园足球运动的开展离不开舆论宣传工作，其目的就在于通过舆论宣传使社会更多层面的大众知晓和了解校园足球开展的重要性和必然性，进而使他们也能够积极地参与其中并且为校园足球做好宣传与推广工作。

具体而言，校园足球运动的宣传与推广工作可以从以下方面展开。

1. 重视足球运动核心价值的宣传

作为校园足球的工作者，应该要高度重视校园足球核心价值体系的建设，尤其是要高度重视发展定位、发展思路、培养理念等几个方面的内容，使公众能够更全面地认识校园足球，促进全社会对校园足球都积极支持与广泛参与的氛围的形成。对最广大的群众宣传校园足球运动具有非常现实的意义，其原因在于构成校园足球运动的主体正是千家万户家庭的孩子,由于受我国传统家庭观念的影响,家长对孩子行为有一定的影响力,因此,只有通过一定的宣传与推广才能使学生、家长等给予校园足球充分认同和支持,为校园足球的发展提供良好的保障。

2. 及时总结与推广

校园足球工作人员要做好经验的总结,并在适当的时机进行大范围的推广;对于那些足球运动开展较好的学校给予一定的奖励和表彰,发挥他们榜样示范的作用,引领其他学校发展校园足球运动。

3. 充分发挥媒体的作用

校园足球在发展的过程中离不开必要的宣传与推广,而这些工作的开展则离不开各种媒体的利用。媒体可以说是推动校园足球发展的重要推动力。因此,应该借助多样化的现代便捷信息传播途径,如网络、电视等媒体并结合青少年的身心特点,促进以网络媒体为核心、电视媒体和平面媒体为辅助的形式多样、点面结合的校园足球宣传推广工作平台的形成,促进校园足球宣传实效性的提高。

(三)建立校园足球"特区"

现阶段,我国竞技体育发展水平较高,但足球运动的发展一直难以取得良好的成绩与突破,二者形成极大的落差。我国足球发展现状与我国的综合国力明显不适应。我国足球运动难以快速发展的一个主要制约因素就是缺乏足球后备人才。为了对这一制约性的问题进行解决,国家体育总局已经采取了一些特殊的政策,如对全运会足球赛制进行改革,在全运会中增设青少年组足球比赛,增加金牌和奖牌的权重,这些政策在其他体育运动项目中很少见。在政府的大力号召下,全国各省、区、市开始逐步重视对青少年足球人才的培养,一些省市逐步对青少年足球队重新进行组建。

校园足球活动的开展并不是一件轻松的事情,它是一项长期的系统的工程,需要投入大量的资源,而且在很长时间之后才能收到明显的效果。虽然开展校园足球活动的工作十分艰苦,但这项艰苦的工作关系到我国足球的未来,因此要引起一定的重视。要想促进家长、学校及社会各个部门的支持度,就需要采取各种有效的政策与途径。其中,建立校园足球"特区"就是当今校园足球发展一个很好的举措。

建设校园足球"特区"已被实践证明是一个很好的促进我国校园足球发展的策略,将校园足球作为特定区域,给予一定的政策扶持,能吸引教师、学生及广大的社会人员参与其中,共同推动校园足球的发展。政府制定的相关政策要有利于校园足球运动的发展。需要注意的是,关于校园足球发展的政策要有一定的特殊性。这里的特殊性主要是指,第一是足球的扶持政策要具有针对性,即专门针对校园足球,只有校园足球才能享有这些政策,其他体育项目不能享受;第二是指政府出台的政策要有所创新,仅仅进行一定的改革与改造是远远不够的,一定要能创新出切实推动我国校园足球发展的政策。

目前,我国校园足球存在多方面的问题,其中,学校领导重视不够,家长及社会人员不认可,经费有限,师资力量薄弱等是其中最为重要的因素,这对于我国校园足球运动的发展是十分不利的。为改变这一现状,必须要采取有效的政策和措施,妥善解决以上问题,如此才能扭转校园足球不良的发展局面。例如,可以出台足球定点学校校长的绩效考核受校园足球工作开展成效的影响等相关的政策,这样就能够促进校领导对校园足球重视程度的增加,能够对校长的工作积极性进行有效的调动。除此之外,针对"场地设施短缺"这一问题,需要借助现阶段我国推动公共体育服务体系建设的有利形势,对相应的政策加以制定,在城市建设规划和土地利用规划中纳入足球场地设施建设问题。具体来说,在规划公共体育设施时或者建设新学校时,需要投入一定的经费,建设确保校园足球运动开展的足够的教学设施。

总之,建设校园足球"特区"是一个很好的策略,需要教师、学生、教育部门及社会力量的共同合作与支持。我国政府部门也要出台一些有利于校园足球发展的文件或特殊政策,给予校园足球必要的政策支持,从而推动校园足球运动的健康发展。

(四)构建校园足球网络信息平台

如今,现代科学技术在社会各个领域都得到了广泛的利用,在校园足球中也是如此。校园作为重要的人才培养基地,对于足球运动的发展起着极为重要的作用。为促进校园足球的进一步发展,应该充分利用现代科学技术构建一个足球网络信息平台,以推动校园足球的进一步发展。校园足球信息网络平台的构建,不但有利于共享校园足球运动的资源,而且有利于促进足球教师科研与训练能力的提高。

二、我国校园足球后备人才培养的策略

（一）确立正确的人才培养目标

在足球教育目标结构内确立足球后备人才培养目标，在人文关怀理念下确立培养目标。以美国为例，美国中学与高校开展竞技足球训练，没有提出向上级组织输送足球人才的培养目标，进行足球训练主要还是为了让学生有更好的运动体验，是为教育目标服务的。但随着足球运动商业化、职业化发展水平的提高，美国的竞技足球后备人才培养机制本身存在的矛盾越来越明显，原因有很多，如美国个性自由、释放自我的文化追求和高度商业化发展形势对其产生了影响，体育培养目标和教育培养目标的差异产生了影响，等等。其中目标差异是最本质的原因。

（二）尊重人才的主体性，围绕主体需要完善动力机制

个体需要的主要动力源泉。青少年喜欢足球运动，对这项运动有较高的兴趣，这是其参与足球训练的主要动力。各级人才培养组织的动力既有满足自身发展的需要，也有国家利益的驱动。但动力主体始终都是个体或组织本身，而且他们既是使动力得以产生的主体，也是利用动力、在动力驱使下开展训练工作或接受训练的主体。因此，我国也要充分尊重青少年足球后备人才的主体性，培养其对足球运动的兴趣，围绕足球后备人才来激发动力，提供动力。

（三）注重物质激励，按培养目标完善激励机制

在竞技足球后备人才培养中，物质激励是非常行之有效的激励手段。美国通过提供社会资助和发放奖学金来激励获得优异运动成绩的运动员，足球特长生获得这些资金或资助能够解决学费问题。美国围绕人才培养目标来选择激励手段，保证激励方向符合人才培养目标，这对我国有非常重要的借鉴意义。

（四）培养组织充分发挥自己的控制作用，实行严格控制

在足球后备人才培养中，培养组织和培养对象都要通过自律来规范自己的行为，同时人才培养组织也要发挥自己的控制职能，对运动员的行为进行规范与控制。制定法律制度是控制的重要保障，因此我们

要制定人才选拔制度、竞赛制度、学训制度等相关制度,控制运动员的学习与训练行为,使其在严密控制中养成良好的学习与训练习惯,成为优秀的全面发展型体育人才。

(五)完善人才培养的保障机制,将物质保障重视起来

为足球后备人才提供保障要体现公平、公正,并以物质保障为主,高水平运动员是主要保障对象。人才培养中所需的基础设施建设主要由国家负责,培养过程中涉及的经费、保险由政府、社会及个体共同承担。人才培养组织机构应在市场化运作中吸收市场闲散资金来解决人才培养的经费问题,为人才培养工作的顺利开展提供基础保障。

参考文献

[1] 雷旭. 现代足球运动的科学训练与评价 [M]. 北京：经济科学出版社，2020.

[2] 侯立. 中国青少年足球后备人才培养体系多元化构建与创新研究 [M]. 天津：天津科学技术出版社，2015.

[3] 普春旺. 现代足球创新理念与后备人才培养体系的构建 [M]. 长春：吉林大学出版社，2014.

[4] 程公. 论足球后备人才培养的全面质量管理 [M]. 北京：北京体育大学出版社，2011.

[5] 赵润新. 我国校园足球未来发展及后备人才培养研究 [M]. 长春：东北师范大学出版社，2018.

[6] [日] 平野淳. 少年足球技术与训练完全图解 [M]. 杨晨译. 北京：人民邮电出版社，2016.

[7] 邓达之. 足球训练 [M]. 北京：人民体育出版社，1999.

[8] 人民教育出版社课程教材研究所体育课程教材研究开发中心. 中小学校园足球教师用书：一至六年级 [M]. 北京：人民教育出版社，2015.

[9] 陈亚中. 足球：运动训练专业主修 [M]. 北京：北京体育大学出版社，2015.

[10] 刘丹，赵刚. 青少年足球训练纲要与教法指导 [M]. 北京：人民体育出版社，2011.

[11] 马冰. 足球实战技巧：技战术图解 [M]. 北京：北京体育大学出版社，2004.

[12] 刘新刚. 足球运动技战术训练的科学性研究 [M]. 成都：电子科技大学出版社，2016.

[13] 王民享，吴金贵. 现代欧美足球训练理念与方法 [M]. 北京：北京体育大学出版社，2006.

[14] 王广. 校园足球初级教程[M]. 北京：中国发展出版社, 2017.

[15] 庄小凤, 沈建华. 校园足球[M]. 上海：上海教育出版社. 2014.

[16] 陈亚中. 青少年足球科学训练探索[M]. 北京：北京体育大学出版社, 2007.

[17] 田麦久. 运动训练学[M]. 北京：高等教育出版社, 2016.

[18] [瑞典] 比约恩·埃克布洛姆 (Bjon Ekblom). 运动医学与科学手册：足球[M]. 陈易章, 等译. 北京：人民体育出版社, 2003.

[19] 杨春林. 中国青少年足球训练全集[M]. 北京：线装书局, 2000.

[20] 周雷. 足球[M]. 北京：高等教育出版社, 2004.

[21] 黄涛. 运动损伤的治疗与康复[M]. 北京：北京体育大学出版社, 2010.

[22] 曲晓光. 现代足球训练理念诠释与应用[M]. 广州：华南理工大学出版社, 2009.

[23] 解颖爽. 足球[M]. 济南：山东大学出版社, 2001.

[24] 杨卓. 现代运动训练内容分析与创新方法研究[M]. 北京：中国商务出版社, 2017.

[25] 张忠秋. 优秀运动员心理训练实用指南[M]. 北京：人民体育出版社, 2007.

[26] 王汉臣, 陈金萍. 中国提升校园足球发展质量主要问题分析[J]. 沈阳农业大学学报（社会科学版）, 2019, 21（05）：601-605.

[27] 邓毅. 推进校园足球改革发展中的问题呈现与破解对策研究[D]. 湖南师范大学, 2019.

[28] 宁佐东. 对青少年足球运动员心理特征及训练的研究[J]. 内江科技, 2010, 31（06）：166-167.

[29] 谢敏. 我国校园足球开展现状刍议[J]. 哈尔滨体育学院学报, 2018, 36（05）：56-60.

[30] 董海鹏. 中、日、德青少年足球后备人才培养体系对比研究[J]. 青少年体育, 2015（05）：19-21.

[31] 徐健. 江苏省足球后备人才培养的现状分析及对策研究[J]. 体育科技, 2020, 41（06）：21-23+26.

参考文献

[32] 郑缘梦,汪辉. 我国校园足球人才培养体系特征研究[A]//国家体育总局体育文化发展中心、中国体育科学学会体育史分会. 2020年第四届中国足球文化与校园足球发展论文摘要集. 2020:2.

[33] 田慧,王敏,亓顺红,等. 欧洲优秀足球后备人才培养模式与启示[J]. 体育科学,2020,40(06).

[34] 李泽峰. 我国足球后备人才培养的现状与对策研究[D]. 重庆:西南大学,2009.